LESLIE GROSSMAN

Link-se!

Transforme sua rede de amigos em um círculo de oportunidades

Tradução de Maria Luisa de Abreu Lima Paz

Gente editora

GERENTE EDITORIAL
Mariana Rolier

EDITORA
Marília Chaves

EDITORA DE PRODUÇÃO EDITORIAL
Rosângela de Araujo Pinheiro Barbosa

CONTROLE DE PRODUÇÃO
Fábio Esteves

TRADUÇÃO
Maria Luisa de Abreu Lima Paz

PREPARAÇÃO
Geisa Mathias de Oliveira

PROJETO GRÁFICO E DIAGRAMAÇÃO
Esper Leon | Nhambikwara Editoração

REVISÃO
Malvina Tomáz

CAPA
Pedro Oliveira | Ostra Design

Título original: *Link Out. How to to turn your network into a chain of lasting connections*

Rua Pedro Soares de Almeida, 114
São Paulo, SP – CEP 05029-030
Telefone: (11) 3670-2500
Site: http://www.editoragente.com.br
E-mail: editoragente@editoragente.com.br

Este livro foi impresso pela Assahí Gráfica em papel *norbrite plus* 66,6 g.

Dados Internacionais de Catalogação na Publicação (CIP)
(Câmara Brasileira do Livro, SP, Brasil)

Grossman, Leslie
Link-se: transforme sua rede de amigos em um círculo de oportunidades / Leslie Grossman; tradução de Maria Luisa de Abreu Lima Paz. – São Paulo: Editora Gente, 2013.

Título original: Link out.
ISBN 978-85-7312-863-5

1. Alianças estratégicas (Negócios) 2. Redes de negócios 3. Relações interpessoais I. Título.

13-04880 CDD-650.13

Índice para catálogo sistemático:
1. Alianças estratégicas para os negócios: Administração 650.13

Sumário

Introdução

Provavelmente, você escolheu este livro porque está querendo alguns conselhos. Talvez tenha tido uma manhã difícil com as crianças – quem sabe, antes mesmo de tomar seu café, já estava gritando com alguém. Ou foi a pilha de roupa que não pára de crescer, a sensação de que seu marido está insatisfeito (embora não admita) ou a sobrecarga de preocupações por não conseguir dar conta de todas as tarefas – sem mencionar que, ainda por cima, você gostaria de fazer tudo bem-feito. Afinal, é de sua família que estamos falando: seus filhos, seu marido, sua casa. Sei exatamente como você se sente. Seja bem-vinda ao clube.

O fato de ter 10 filhos com idades que variam de oito meses a 18 anos, de morar numa casa organizada, de ter um casamento que me deixa realizada e de estar satisfeita com minha aparência não faz de mim uma pessoa especial. Pelo menos não aos meus olhos. Mas parece que isso é verdade para milhares de pessoas que leram minha história na revista de Oprah Winfrey ou que assistiram a minha entrevista em seu programa de TV.

Uma verdadeira guinada

Tudo começou quando decidi comemorar meu 40.º aniversário com três amigas, em Chicago, assistindo à gravação do programa de Oprah Winfrey. Sou sua fã há muito tempo e, para mim, não havia melhor maneira de festejar. Depois do programa, Oprah começou a perguntar ao público o que as pessoas faziam para se manter em forma (um de seus temas favoritos). Ergui a mão e disse que levantar peso foi a forma mais fácil e mais rápida que encontrei – e que continuava me exercitando, embora, na época, estivesse grávida de seis meses. Quando ela me perguntou quantos filhos eu tinha, respondi: "Oito e mais este que está a caminho." Ela então perguntou como eu podia estar tão bem depois de ter tido oito filhos. Fiquei feliz em poder lhe contar qual era a minha rotina diária de exercícios.

Poucas semanas depois, num sábado à tarde, eu desfrutava um pouco de paz e tranqüilidade enquanto as crianças estavam brincando no quintal, quando o telefone tocou. Do outro lado, uma voz animada: "Kathryn? Aqui é do programa da Oprah Winfrey."

"Ah... Pare com isso", respondi, rindo, achando que era brincadeira de um dos meus filhos. Afinal, eu tinha voltado de Chicago mais impressionada que nunca com Oprah. Mas não era brincadeira. Era um dos produtores de sua equipe me convidando para participar de um programa sobre fitness. Poucas semanas depois, Oprah me apresentava como uma mãe ocupadíssima que conseguia se manter em forma com exercícios de levantamento de peso.

Depois disso, o editor da revista da apresentadora entrou em contato comigo. Queria saber se eu estava interessada em dar uma entrevista para o número especial do Dia das Mães. Claro que estava!

Oprah então apareceu em minha casa. Assim que pôs os pés fora do carro, ela pegou minha filha de 3 anos no colo e logo estava perfeitamente adaptada ao caos habitual da nossa casa. Depois do almoço, fomos ao porão mostrar-lhe nossa área de lazer, um espaço equipado com uma cesta de basquete, um gol de hóquei e outros apetrechos para esportes praticados em locais fechados. Oprah jogou basquete com os meninos até ficar sem fôlego e, então, meus filhos puseram música e todos, inclusive ela, começaram a dançar. Foi uma surpresa: como alguém famoso como Oprah podia ser tão normal? Sua autenticidade e seu amor pela vida eram tão evidentes que me tornei uma fã ainda mais ardorosa.

Ela passou praticamente o dia todo conosco. Observou como eu organizava a casa, como alimentava meu pequeno exército de crianças e como chegava ao fim dia com um sorriso no rosto, pronta para receber meu marido para jantar. Depois de esmiuçar os aspectos práticos de minha vida, Oprah me convidou para uma conversa mais íntima. Queria me conhecer melhor, descobrir minha motivação interior. De tanto ela me chamar de mãe-modelo, comecei a achar que talvez fosse uma boa idéia divulgar para um número maior de mulheres as dicas práticas que têm me ajudado ao longo desses anos. Na verdade, essa conversa me inspirou a escrever este livro.

O meu "momento Oprah" me levou a refletir sobre o que tornava minha vida leve e feliz — não *apesar* de eu ter 10 filhos, dois cachorros, um marido e uma casa para cuidar, mas principalmente *por causa* desses fatores. Compreendi que há três verdades essenciais que me mantêm *equilibrada* quando a vida entra em ritmo acelerado, *satisfeita* quando tudo está correndo bem e *tranqüila* quando algo ameaça abalar meu espírito.

A perfeição não existe

Em primeiro lugar, não sou uma supermãe. Sei que não sou perfeita; na verdade, nem tento ser. Como qualquer outra mãe, fico cansada, mal-humorada e irritada. Há dias em que pareço ter a paciência de um santo, mas em outros perco inteiramente a calma e grito com meus filhos. Às vezes, dou até umas palmadas. Mas acredito que isso faz parte do dia-a-dia de uma família. Podemos discutir e brigar, mas, no fim do dia, olhamos uns para os outros e percebemos que nos amamos. Sou feliz, Jim é feliz e meus filhos são felizes. Somos uma equipe. Estamos juntos nesta viagem pela vida e temos nos saído muito bem.

Cuidando de si mesma

Nesses últimos 18 anos, aprendi a me valorizar como pessoa, não apenas como esposa e mãe. Percebi que se abrisse mão de minha individualidade as duas outras facetas (mãe e esposa) sofreriam. Muitas mulheres pensam de modo diferente. Acham que se dedicando apenas à maternidade serão automaticamente consideradas boas mulheres e esposas. Nada mais distante da verdade...

Quando você se entrega demais à maternidade, é provável que acabe ficando estressada e ressentida. E essa sensação mina seus esforços mais sinceros. Você pode nem saber por que está se sentindo assim e tentar compensar isso devotando-se a atividades altruístas, mas logo estará novamente infeliz pela simples razão de que não dedica a si mesma o respeito e a atenção que merece.

Uma mulher deve estar atenta a si mesma e às suas necessidades para poder atender às necessidades de sua família. Não sinta culpa por se cuidar. Isso ajuda você a ter um melhor desempenho na tarefa de cuidar dos outros. Preocupe-se, em primeiro lugar, com você mesma – para o bem de todos, inclusive o seu.

Tranqüilidade espiritual

A verdade é que uma mulher satisfeita, à vontade com ela mesma, por mais atarefada que seja, precisa estar conectada à sua essência espiritual. Não importa se essa conexão se dá pela religião, pela família, pela atividade física ou por qualquer outra coisa – o fato é que toda mulher precisa de um lugar onde possa se abrigar quando sua alma está pedindo para ser alimentada. Creio que a espiritualidade é esse ponto de apoio. É para lá que nos dirigimos quando queremos ouvir a verdade.

Sou privilegiada por ter crescido com uma forte noção da presença de Deus, o que me ajuda a enfrentar as dificuldades cotidianas. Mas, se você não teve essa formação, não se preocupe. Este livro vai lhe mostrar diversas maneiras de encontrar a serenidade. São atitudes simples como pedir ajuda, restabelecer contato com a família, retomar um velho hobby ou mergulhar na paz de espírito proporcionada pela prática da ioga. Isso é algo que você deve a si mesma: descobrir o caminho para chegar ao seu próprio coração.

Acredito que toda mulher, independentemente da quantidade de papéis que desempenhe, não apenas tem o poder de controlar a própria vida, mas também a habilidade inata de dar conta de tudo com naturalidade e alegria.

As lições que aprendi

Normalmente, quando as pessoas me encontram pela primeira vez em reuniões sociais, na escola das crianças, ou mesmo no supermercado, pedem conselhos, perguntam como consigo dar conta da filharada que não pára de crescer e ainda me manter mentalmente equilibrada e em forma. "Você faz tudo parecer tão fácil", dizem. "Qual é o segredo?" Quando respondo que não há nada de secreto ou especial na maneira que escolhi para conduzir minha vida e minhas relações pessoais, a maioria fica decepcionada. Acho que pensam na vida que levam e imaginam que devo tomar uma pílula mágica todas as manhãs.

Quando meu primeiro filho nasceu, há 18 anos, eu não sabia como resolver nenhuma das dificuldades com as quais estava me deparando. Uma simples ida ao supermercado ocupava metade do meu dia. Se, por acaso, visse outra mãe fazendo compras com cinco filhos a tiracolo, pensava: "Como é que ela consegue?" Voltava para casa desanimada, mas, ao mesmo tempo, determinada a resolver todos os meus problemas enquanto o bebê estivesse dormindo. Tentava limpar a casa, cortar a grama e preparar o jantar na maior correria. Não era de espantar que, à noite, estivesse exausta e mal-humorada, sem energia para dedicar ao meu filho e muito menos ao meu marido. As coisas não podiam continuar daquele jeito.

À medida que os outros filhos vieram, fui ficando mais ágil. Notei que, se estabelecesse algumas prioridades, podia fazer bem mais do que ir ao supermercado. Reservar um tempo para mim, por exemplo. Quanto mais me abastecia emocionalmente, mais ficava disponível para a família. Comecei, então, a criar intervalos para malhar, ligar para uma amiga, ir à manicure ou planejar uma saída com meu marido.

Gosto de ficar com meus filhos, mas o fato de estar fazendo alguma coisa para mim mesma me deixa revigorada e renovada. Graças a isso, não só me tornei muito mais eficiente, como passei a me sentir muito mais realizada. Peço ajuda sempre que preciso (o que acontece com freqüência) e não me sinto culpada por recorrer a meu marido, a uma babá, a uma amiga ou a um parente. Sei que estou fazendo o melhor que posso. Aliás, como a maioria de nós.

Um passo de cada vez

Este livro é o resultado de minha experiência, mas também se deve à sabedoria que adquiri de meus principais modelos, meus pais. E, desde que conheci Jim, dos pais dele também. É ainda a conseqüência da descoberta do ponto de equilíbrio entre minha individualidade, minha família e meu casamento – e das idéias e dos sentimentos de outras mulheres com quem conversei e que me influenciaram.

Decidi explorar cada uma dessas áreas e as inúmeras questões que surgem a partir delas. Por exemplo: "Quem é você?", "Como você define a si mesma?", "Você é capaz de dizer não?" ou "Sabia que as pequenas concessões evitam as tristezas, mas que as grandes só criam problemas?".

Não por acaso, o tema que permeia todo o livro é o que chamo de "sabedoria da vida real". Ou seja, dicas práticas e reflexões que fortalecem o espírito e ajudam a enfrentar as tarefas cotidianas com eficiência: lavar roupa, preparar as refeições e dar banho nas crianças antes de pô-las na cama.

Espero que os truques que me ajudaram a administrar uma casa com 10 crianças (algo que a maioria das pessoas considera uma missão impossível) sejam úteis para as outras mulheres. Que as ajude a perceber que a vida pode ser mais que o caos.

Falo também das cartas de amor que escrevo para meus filhos, da relação que estabeleci com os professores deles e da necessidade de confiar em seus instintos. No capítulo sobre casamento, mostro como manter o clima de romance quando ambos estão exaustos e a vida parece uma montanha-russa.

Pode haver tropeços, mas há também paisagens maravilhosas e muita alegria ao longo de todo o caminho. Eu me esforço para dar a meu marido atenção, amor e carinho. E faço questão de lembrá-lo sobre o que as crianças dizem a seu respeito e como o amam. Você sabia que há uma forma produtiva de discutir e que um simples brilho nos lábios faz um efeito fantástico?

Tudo é relativo

Às vezes, as coisas não correm exatamente como planejamos. As intenções podem ser as melhores possíveis, mas acontece algo inesperado e vira tudo de cabeça para baixo. Ou, então, você está seguindo à risca as recomendações que lhe fizeram e, ainda assim, nada parece funcionar. É o caso de como punir ou premiar um filho. Eu tive que mudar de tática no que se refere aos castigos.

A idéia de mandar as crianças para o quarto quando elas fazem algo errado pode funcionar em alguns casos, mas meus filhos pareciam gostar do tempo que passavam no quarto. Resolvi adotar uma estratégia mais eficaz: impor tarefas. Dessa forma, eles não apenas aprendem que o mau comportamento tem conseqüências, mas obtenho ajuda para tirar o lixo, esvaziar a lavadora de louça e arrumar a sala. Até mesmo uma criança de 3 anos pode desempenhar tarefas simples como varrer parte da casa.

Este livro pretende servir de inspiração para todas as mulheres – mães solteiras, mulheres que trabalham fora, mães com um ou 12 filhos, com muito dinheiro ou só com o suficiente. O objetivo é que administrem a vida com menos estresse e que comecem e terminem o dia sentindo-se realizadas e com senso de humor. Pode parecer uma meta irreal, mas, acreditem, não é. Todas nós embarcamos em uma longa viagem e vamos aprendendo à medida que avançamos.

Ao ler esta introdução, você deu o primeiro passo no processo de estender a mão e dar a si mesma o apoio de que precisa e que merece. Quando mais não seja, este livro vai mostrar que você não está sozinha.

Parte 1
SUA INDIVIDUALIDADE

Nesta seção você vai encontrar 30 reflexões breves, além de dicas práticas, quase sempre ilustradas por experiências pessoais, que ensinarão você a se redescobrir. Em vez de se sentir pressionada com meus conselhos, encarando-os como mais uma lista de obrigações, use-os para desacelerar e pensar em si mesma. Aprenda a respeitar seu ritmo: leia uma dica por dia ou sempre que quiser idéias novas e inspiração.

Como mulher, esposa e mãe, você já deve ter ouvido, ou dito inúmeras vezes, a frase "O trabalho de uma mãe nunca termina". É verdade. Cuidar das crianças, fazer a casa funcionar, ter uma vida profissional e um relacionamento significativo não constituem tarefa para amadores. Lidar com todos esses aspectos da vida é mesmo difícil, estressante e exaustivo. Mas precisa ser assim?

Quando eu era mais nova e só tinha dois filhos, a vida parecia bem mais difícil. Passava os dias pulando de uma tarefa para outra, quase sem tempo de respirar, que dirá tomar um bom banho. No fim do dia, as camas estavam feitas, a casa arrumada, o jantar preparado, mas o trabalho parecia não acabar nunca.

Os momentos de alegria eram esporádicos; já os sentimentos negativos, reforçados pela exaustão e pelo tempo dedicado aos outros, eram bem mais freqüentes.

Pequenos passos

Aos poucos, passei a entender que, se não cuidasse de mim mesma, as coisas iam continuar parecendo difíceis, pouco administráveis e nada divertidas. Era uma decisão que só eu podia tomar: será que estava disposta a cuidar de mim ou ia continuar me comportando de maneira negativa e me sentindo impotente diante da vida? Escolhi a primeira opção e isso fez toda a diferença.

É claro que essa nova maneira de encarar a vida não aconteceu da noite para o dia. Comecei dando pequenos passos. Decidi que faria diariamente um agrado mínimo a mim mesma. Podia ser passar 20 minutos suando na esteira com meu filho caçula equilibrado no colo, ou contratar uma babá para me dar ao luxo de fazer as unhas, ou ainda tomar um banho de 10 minutos em vez daquela rápida chuveirada de sempre.

Mesmo sendo pouco ousadas, essas pequenas atitudes tiveram um impacto imediato: passei a me sentir mais forte, física e emocionalmente. Tinha a sensação de ser capaz de dar conta de todas as tarefas no resto do dia.

O efeito dominó

A principal lição que eu gostaria de compartilhar com as outras mães exaustas e sobrecarregadas que existem por aí é que, ao descuidar-se, você provoca um efeito negativo – um desequilíbrio em sua relação com você mesma e com os outros. Por outro lado, quando se mantém atenta à sua voz interior e aprende a ouvir os seus anseios, tudo em sua vida parece mais fácil.

Procuro estar em harmonia tanto no aspecto emocional quanto no físico e no espiritual.

Meu eu interior. Quando estou em contato com meu *eu* interior, meu *eu* antigo e meus amigos, eu me sinto segura e capaz de administrar o dia-a-dia repleto de atividades.

Meu corpo. Quando cuido do meu corpo, eu me sinto melhor comigo mesma – por dentro e por fora. Assim, fico muito mais confiante, esperançosa, capaz e pronta para enfrentar os maiores desafios.

Meu espírito. Quando me acho espiritualmente equilibrada, sinto que estou mais conectada com o mundo ao meu redor e isso dá um sentido maior à minha vida.

Permita-se sonhar

Dez filhos e 19 anos de casada depois, posso dizer sem medo que consigo sorrir quase todas as noites quando meu marido chega em casa. Aprendi a cuidar de mim mesma aos poucos e todo dia incorporo novas e valiosas lições a respeito de como fazer isso da melhor maneira.

Como tudo o que é importante, cuidar de si mesma requer um compromisso consciente e ação. Se deseja que algo aconteça, será preciso se empenhar e assumir uma atitude com relação à vida que combine com sua personalidade, além de manter o foco em suas prioridades e relaxar sempre que possível.

"Embora eu nunca esqueça
que sou uma mulher casada
e mãe de 10 filhos, sei
que preciso estar sempre
conectada comigo mesma,
com a pessoa que sou."

1. Quem é você?

Quem é você? A pergunta pode parecer simples, mas não é. À medida que a vida vai ficando mais complexa, o mesmo acontece com nossa identidade. Deixamos de ser apenas a filha, a irmã ou a amiga de alguém para nos tornarmos uma mulher com uma infinidade de papéis a desempenhar. Sob a etiqueta mãe, por exemplo, coexistem várias "mulheres": a que cuida da disciplina e das doenças das crianças, a que planeja eventos, a que cozinha e dirige o carro da família e a que dá uma de professora particular, psicóloga, treinadora, faxineira, representante de turma... Enfim, a lista é interminável!

Não é de espantar que muitas mulheres se sintam sufocadas com tantas obrigações. Como ser bem-sucedida diante da multiplicidade de tarefas? Como se dividir entre criar os filhos e gerenciar seu dia-a-dia, cuidar da casa e de seu relacionamento com o marido? Essas perguntas têm sido feitas não só a mim, mas a amigos, a terapeutas e até às revistas femininas.

Muitas vezes as mulheres são obrigadas a atuar fora de sua área de conforto, assumindo novas e assustadoras obrigações. Eu, por exemplo, casei e tive três filhos em quatro anos. Jim trabalhava até tarde, o dinheiro era curto e eu ficava sozinha por longos períodos, com três crianças pequenas. Eu era jovem, mas estava em pior estado do que hoje, tanto no que se refere ao corpo quanto à mente. No fim do dia, tudo o que eu conseguia fazer era me arrastar até a cama. Passava horas reclamando, chateada e com inveja de Jim e das outras pessoas. Foi então que comecei a entender que estava me fazendo de vítima, que sentia pena de mim mesma, que me comportava como se não tivesse qualquer poder sobre minha vida. Precisava mudar isso!

A primeira providência foi "inventar" 30 minutos de folga uma ou duas vezes ao dia para me exercitar. Foi Jim que sugeriu os exercícios de levantamento de peso. Assim que consegui incorporá-los à minha rotina, passei a me sentir mais calma, bem-disposta e bem-humorada. Foi uma mudança simples, mas que teve um impacto enorme na minha vida. A preocupação com o meu bem-estar físico me ajudou a reassumir o comando de minha própria vida. Restabeleceu a conexão com a pessoa que sou.

Na tentativa de fazer o melhor, as mães em geral esquecem de cuidar delas mesmas. Traduzindo: manter-se em forma não só fisicamente como também nos aspectos emocional e espiritual e arranjar tempo para ver os amigos, nem que seja por apenas 10 minutos.

Pergunte a si mesma:

- Você está cuidando de seu corpo, fazendo exercícios pelo menos duas vezes por semana?
- Você está cuidando de sua saúde emocional, mantendo contato com as pessoas de que gosta e que gostam de você?
- Você tem dado atenção a seu espírito, alimentando-o com momentos de tranqüilidade?

Em busca de harmonia

Periodicamente precisamos nos lembrar de quem éramos antes de nos casar e ter filhos. Esse recurso é muito eficiente para reavivar nossos sonhos e habilidades e, quem sabe, torná-los realidade. Você gostaria de voltar a pintar? De escrever aquele romance tão idealizado? De praticar algum esporte? Você se imagina tricotando ou costurando de novo? Ouça o seu coração e ponha em prática seus desejos mais profundos. O importante é estabelecer uma meta, não necessariamente atingi-la. Não tenha medo de falhar. O objetivo é tentar sem a preocupação de ser bem-sucedida.

Assim que pensei em escrever este livro, me veio à mente a frase: "Não vou conseguir, não sou escritora." De fato, minha única experiência nesse campo é a redação de minha monografia de fim de curso. Contudo, meu desejo de compartilhar com outras mulheres o que tinha feito e aprendido ao longo dos anos me levou a colocar o projeto em prática. Graças à minha determinação, consegui apoio, ajuda e coragem para completar o percurso.

Na luta para desempenhar com competência o papel de guardiã da família, é preciso trabalhar duro no sentido de valorizar e explorar as próprias necessidades e aspirações. Afinal, o compromisso que você assumir com você mesma a tornará uma mulher, esposa e mãe bem melhor. Permita-se sonhar; tome coragem para tentar algo novo.

2. Relembre suas vitórias pessoais

O tempo não pára. Ninguém é exatamente o que era há 10, 15 ou 20 anos. A cada ano, as experiências, angústias, os sucessos e fracassos que acumulamos nos obrigam a mudar. Tudo o que acontece tem algum efeito, da mesma forma que cada papel que representamos nos transforma em uma combinação única de fatos e vivências.

Se examinarmos as partes que nos compõem, podemos acompanhar nosso processo de mudança e crescimento. Ao fazer isso, temos a chance de relembrar qualidades e talentos esquecidos. Recentemente, encontrei um antigo recorte de um jornal local com uma foto minha quando eu tinha 13 anos. Lá estava eu, sorrindo de orelha a orelha, com o boné de beisebol virado para trás, contando para o repórter sobre o acampamento que tinha organizado no quintal de casa. Na época, nem pensei na possibilidade de o acampamento não dar certo – simplesmente fiz. E quer saber de uma coisa? Foi o maior sucesso. Por quê? Porque meus amigos se divertiram à beça.

Com 19 anos, decidi entrar para o time de vôlei da faculdade. Minhas chances eram pequenas: eu não era alta nem fisicamente desenvolvida, e as jogadoras não se mostraram muito receptivas. Mesmo assim, me empenhei para conseguir o que queria. Treinava duas vezes por dia e, por causa do esforço, perdi ainda mais peso – de magra, passei a esquelética. Meus amigos insistiam para que eu desistisse, mas não cedi. No fim, não só me tornei titular como capitã do time.

Hoje, quando me sinto cansada e sobrecarregada, procuro me lembrar da energia e da coragem adolescentes que me levaram a organizar um acampamento no quintal – ou da perseverança que me levou a insistir em conquistar uma vaga no time de vôlei da faculdade.

Entrar em contato com esse lado autoconfiante de minha personalidade demonstra que sou capaz de pôr em prática projetos sem me preocupar com os resultados.

Quando recordamos as coisas das quais nos orgulhamos, nos conectamos com nosso verdadeiro *eu*, com a pessoa que já fomos. É como se nos colocássemos em perspectiva.

Para manter ativa essa conexão com o passado, escreva suas memórias, leia um diário, converse com velhos amigos ou organize álbuns de fotografias ou de recortes. Lembrar a própria origem ajuda a manter a vida em perspectiva e a não levá-la tão a sério o tempo todo. É claro que há momentos em que a seriedade é necessária, mas muitas vezes nossas reações são desproporcionais aos fatos.

PALAVRAS DE SABEDORIA

A decisão de cuidar de si mesma precisa ser tomada de modo consciente e o ideal é que você comece dando pequenos passos. Quando conseguir separar alguns minutos para fazer o que quiser, vai perceber que eles podem virar uma hora.

Reafirme quem você é todas as manhãs mostrando-se grata por seus pontos fortes.

Crie momentos de relaxamento ao longo do dia para se harmonizar, seja rezando, meditando ou simplesmente desfrutando a presença de Deus.

Faça algo positivo por alguém pelo menos uma vez ao dia, sem esperar nada em troca.

Mexa-se. Ao se movimentar, você eleva seu espírito, fortalece seu corpo e alivia o estresse.

Tranqüilize sua mente arrumando algo todo dia, mesmo que seja apenas uma gaveta.

Escolha ver o lado positivo das coisas. Ao tomar a decisão de encarar o mundo de um jeito otimista, você reforça sua autoconfiança e se torna mais eficiente. O otimismo é contagiante.

Agradeça por seus filhos, por seu marido e por você mesma. Agradeça por estar viva.

3. Estabeleça limites

Com o passar do tempo, percebi que precisava ter plena consciência de meus diversos papéis, caso contrário, me sentiria sobrecarregada e confusa, sem saber como dar conta de todas as minhas tarefas. Essa consciência faz com que a vida flua com mais facilidade.

Você tem dificuldade em dizer *não* ou em delegar tarefas? Está sempre exausta? Dizer não a algumas tarefas, sem dúvida, diminui o estresse e a sensação de sobrecarga e aumenta a disposição, a competência e a confiança, pois significa que você vai conseguir manter as coisas sob controle.

Sei disso por experiência própria. Por ser a filha do meio, sempre tive a função de apaziguar as coisas na família. Todos me procuravam quando precisavam de ajuda para resolver algo. Embora eu ficasse feliz em ser útil, chegou o momento em que senti necessidade de dizer não. Não podia mais resolver tudo. Precisava ter menos responsabilidades.

Isso aconteceu na época em que eu era técnica de dois times infantis, estava grávida de meu oitavo filho e, é claro, ainda cuidava do dia-a-dia de todos e da casa. Embora fosse ágil como uma malabarista, e estivesse habituada a equilibrar várias bolas ao mesmo tempo, comecei a notar que andava cansada, irritada e sem paciência com as crianças, além de mal-humorada com Jim.

Quando fui ao ginecologista para um exame pré-natal de

rotina, ele detectou que eu estava com placenta prévia (posicionamento inadequado da placenta, no colo do útero) e me recomendou repouso. Não havia risco nem para o bebê nem para mim, mas tratei de rever todos os meus compromissos e de reduzir a quantidade de obrigações. Aquele descanso obrigatório foi um sinal de alerta: eu sabia que fazia coisas demais.

Felizmente, o resto da gravidez transcorreu sem qualquer outra complicação. Aprendi, porém, a prestar atenção aos sinais do corpo, da mente e daqueles que estão à nossa volta. Às vezes, é preciso abrir mão de algumas coisas para manter o equilíbrio, tanto pessoal quanto daqueles que nos rodeiam.

A arte de delegar

Muitas pessoas têm dificuldade para reduzir o ritmo. Sentem-se frustradas por não darem conta de tudo o que lhes pedem para fazer. Se você é assim, analise o seu comportamento e tente identificar as razões por trás dele. Se você assume tarefas demais porque se sente insegura e quer agradar às pessoas, pode mudar de atitude. Não perca seu tempo. Elas não vão rejeitá-la porque você não tem condição de realizar todos os projetos – e, se o fizerem, então não há por que se preocupar. Não vale a pena. Ninguém consegue cuidar de tudo e de todos. É preciso estabelecer prioridades para se levar uma vida equilibrada.

O problema talvez seja o excesso de autoconfiança, que a impede de deixar que outros assumam determinadas tarefas. Saber delegar é uma arte. As pessoas mais bem-sucedidas nos negócios, na política e na vida pessoal são aquelas que sabem como abrir mão de certas coisas e deixá-las ao encargo de outros.

Tenho o hábito de aproveitar o final das férias e fazer uma

lista com todas as atividades e obrigações previstas para o novo ano letivo. Isso ajuda a planejar o dia-a-dia e a definir as prioridades. No ano passado, por exemplo, deixei de participar da Associação de Pais e Mestres das escolas de meus filhos, mas este ano decidi voltar. O importante é saber quantos projetos você consegue gerenciar sem sacrificar o tempo que dedica a si mesma e à família. É melhor fazer poucas coisas com dedicação do que muitas coisas de qualquer jeito.

PLANEJE SUA AGENDA DE FORMA REALISTA

Se você tiver noção de sua capacidade de realização, e algum espírito prático, vai se surpreender ao descobrir como um planejamento bem-feito aumentará sua eficiência e sua satisfação pessoal. Que tal experimentar?

Primeiro, decida quais atividades pretende realizar.

Segundo, determine quantas atividades sua agenda pode comportar. Observação pessoal: nunca fico mais de cinco anos em uma mesma associação.

Terceiro, estabeleça prioridades de acordo com a importância de cada atividade.

Faça suas escolhas e comprometa-se.

4. Tenha consciência de seus sentimentos

A vida é uma correria tão grande que é difícil prestar atenção nos próprios sentimentos. No entanto, a emoção é a maneira mais franca de nos comunicarmos com nós mesmos. Você está com fome? Cansada? Pouco à vontade? Precisa ficar sozinha? Sentindo-se solitária? Ansiosa? O.k. É verdade que estou insistindo em sentimentos negativos, mas há um motivo: quando estamos centradas e felizes, os dias transcorrem com facilidade. Quando, porém, deixamos que a negatividade nos envolva, a vida se torna um fardo. O segredo é reconhecer as emoções negativas e utilizá-las de forma positiva. Elas são meros sinais de que você está precisando agradar a si mesma. Merecidamente, aliás.

O corpo reflete a maneira como nos sentimos. Quando sinto alguma dor nas costas, nas pernas ou na cabeça, sei que estou evitando enfrentar algum problema, e são grandes as chances de que seja algum sentimento reprimido. Quando temos dificuldade de perceber a realidade à nossa volta, o ideal é ouvir atentamente o que as pessoas dizem. No meu caso, quando Jim me olha e recomenda que eu "dê um tempo" ou que "durma até mais tarde", sinto-me desmoronar, pois, em geral, estou tão mergulhada nas tarefas do cotidiano que não consigo prestar atenção às coisas que estou sentindo.

Da próxima vez que perceber sentimentos negativos, experimente o seguinte exercício:

1. Fique quieta, sente-se.
2. Faça uma rápida avaliação de seu corpo.
3. Identifique qualquer sinal de rigidez ou tensão.
4. Concentre a atenção nessa região.
5. Respire fundo, concentre sua energia no ponto de tensão e expire.
6. Repita o processo de inspirar/expirar até sentir que a tensão diminuiu ou desapareceu.

Quando se sentir relaxada, tente identificar o que a deixou assim. Você está triste? Desapontada? Com medo? Nervosa? Uma boa maneira de liberar a tensão é nomeá-la. Quando a pessoa admite estar triste, ela, de certa forma, se sente aliviada. E, uma vez consciente da emoção, ela consegue ter a clareza mental necessária para mudar. Obviamente, certas situações não podem ser alteradas, mas o fato de conhecer a origem de sua emoção permite que você decida ser uma pessoa mais positiva.

A tendência é achar que, ao conseguir lidar com tais sentimentos, com o tempo eles diminuem de intensidade ou desaparecem. Na verdade, quanto mais você tem consciência de suas emoções, menos sua vida é afetada pela negatividade. Portanto, da próxima vez que se sentir aflita e angustiada, relaxe e se esforce para identificar o que está sentindo.

Da mesma forma que incentivamos nossos filhos a dizer o que estão sentindo, não podemos esquecer que os sentimentos também vêm e vão.

5. Não hesite em pedir ajuda

Ninguém espera que as mães tenham superpoderes, a não ser elas próprias. A verdade é que as mães precisam se livrar das expectativas irreais e pedir ajuda. Sofrer em silêncio não ajuda nada nem ninguém. Aceitar as próprias limitações, sim, é uma sabedoria que vale a pena adquirir.

Quem tem muitos filhos não consegue estar fisicamente em todos os lugares ao mesmo tempo. No meu caso, o máximo que consigo é levar alguns filhos a um jogo, outros ao médico ou à casa de algum amigo. Nos fins de semana, Jim e eu costumamos dividir a função de motorista, mas, durante a semana, a responsabilidade é minha. A solução é pedir ajuda, coisa que faço sem problemas. Peço a minha mãe, a minhas irmãs e até à vizinhança. Há diversas maneiras de pedir (e receber) ajuda:

- Ligue para uma amiga e pergunte se ela pode ficar com seus filhos por duas horas (e, é claro, se ofereça para fazer a mesma coisa por ela).
- Converse com seu marido, diga que está exausta e que precisa que ele volte mais cedo algum dia naquela semana.
- Contrate uma baby-sitter quando tiver um compromisso.
- Peça ajuda às crianças. À medida que elas vão crescendo, integre-as às atividades da casa. Se o filho mais velho já dirige, divida com ele as tarefas de fazer compras e ir à tinturaria. Mas até os menores podem ser escalados para trabalhos mais

simples (varrer, passar o aspirador, distribuir a louça na lavadora e tirá-la de lá). Na hora do jantar, convoque todo mundo para pôr a mesa (dobrar os guardanapos, encher os copos com água, trazer as travessas da cozinha para a mesa) e depois para retirar a louça e colocá-la na lavadora.

Caso seus filhos ainda não tenham idade para ajudá-la, talvez haja uma criança mais velha na vizinhança disposta a fazer pequenos serviços em troca de algum dinheiro. Tenho uma amiga que é mãe de três crianças com menos de 4 anos. Ela fez um trato com um vizinho de 12 anos: quando ele a ajuda em casa, pode usar sua bicicleta duas vezes por semana.

Pedir ajuda não é uma tarefa fácil, mas também não é motivo de vergonha. As pessoas sempre podem dizer não. Dar carona a uma criança ou distraí-la por uma hora, enquanto você toma banho, tira um cochilo ou faz exercícios físicos, não é nada de mais. Se tiver algum sobrinho adolescente, pergunte se ele pode levar o cachorro ao veterinário ou as crianças para cortar o cabelo.

O importante é retribuir os favores recebidos. E não esperar para pedir ajuda quando já estiver chorando no banheiro ou querendo bater com a cabeça na parede. Se a sensação for de sobrecarga ou de estar chegando ao limite, respire fundo e não hesite em pedir ajuda. Sempre haverá alguém disposto a dividir o peso de seu fardo.

Muita gente gosta de se sentir necessária. No ano passado, por exemplo, eu estava no fim de minha décima gravidez e era a minha vez de realizar a festa de Natal do Clube do Livro. Como não tinha condições de assumir a responsabilidade, avisei às minhas amigas que não poderia cumprir a minha parte no trato. Elas disseram que se eu oferecesse a casa, elas fariam o resto. E foi o que aconteceu: elas foram fantásticas, assim como a festa.

SEM MEDO DE BUSCAR AJUDA PROFISSIONAL

Quando os problemas parecem grandes demais, não há outra saída senão buscar ajuda profissional. É triste perceber que a atitude de procurar um psicoterapeuta ou psiquiatra ainda é muito estigmatizada pela maior parte das pessoas. Portanto, da próxima vez que sentir que o problema é muito maior do que você, ou que está tendo insônia e ficando cada vez mais ansiosa por causa de alguma situação, não relute em procurar um terapeuta. Só um profissional experimentado pode ajudá-la a reconquistar a confiança, a segurança emocional e a objetividade – uma habilidade que dificilmente encontraremos em nossos familiares ou amigos.

6. As amizades são preciosas

À medida que envelhecemos, fica mais difícil manter as amizades, embora elas se tornem cada vez mais essenciais para nossa vida. Ter amigos é um dos meios mais importantes de preservar nosso crescimento e nossa individualidade. Com nosso parceiro, compartilhamos preocupações e inquietações. Em troca, recebemos o amor e o apoio fundamentais para manter a perspectiva certa da vida. Quando você sabe que duas ou três amigas estão lutando para dar conta de suas vidas atarefadas, sente-se mais capaz de enfrentar seus desafios pessoais.

As amizades não acontecem pura e simplesmente; elas exigem comprometimento e atenção. Todo mundo sabe que a vida de uma mãe é trabalhosa e agitada, e que é difícil arranjar tempo para bater papo ou mesmo para trocar um rápido "oi" via e-mail. À medida que o tempo passa e os encontros vão sendo cancelados, a tendência é que as pessoas fiquem magoadas. Felizmente, uma ou duas amigas sempre sobrevivem ao teste do tempo, às mudanças de cidade e às discussões e aos desentendimentos.

Tenho uma amiga que nunca dá o primeiro passo, que espera que eu tome a iniciativa de entrar em contato, de sugerir um encontro ou de mandar um cartão no Natal ou no aniversário. Sei que ela tem a sensação de estar sempre "incomodando" e só acho que vale a pena investir na relação porque, quando estamos juntas, conversamos por horas a fio e sinto que nossa amizade é verdadeira. Falamos sobre filhos, casamento e processos de envelhecimento; relembramos como éramos e comparamos com o que somos, confidenciamos sonhos... Enfim, somos amigas.

É claro que fico chateada por ela deixar por minha conta a iniciativa de entrar em contato, mas já percebi que, se eu não fizer esse esforço, não manteremos a amizade.

Ampliando o círculo de amizades

Da mesma forma que é importante cultivar a amizade das pessoas que conhecemos ao longo do tempo, também é importante permanecermos abertas para novos relacionamentos. Quando meu filho do meio começou a jogar futebol, perguntei a outros "pais de jogadores" se eles não queriam sair para jantar. E logo me ofereci para fazer uma festa para ser leiloada em um evento beneficente. Um grupo de pais que não conhecíamos "comprou" nossa oferta e fiquei conhecendo muita gente nova da escola das crianças. Depois dessa festa, tenho me esforçado para manter contato com todos, convidando-os para uma coisa ou outra. Gosto de ver meu círculo de amizades crescer.

Conhecer gente nova é uma boa maneira de não esquecer como é grande o mundo em que vivemos e que, à medida que vamos envelhecendo e nos acomodando ao nosso esquema de vida, a tendência é nos fecharmos para tudo o que seja novo. Nós nos envolvemos tanto em nossa própria vida que paramos de olhar para o que é novo. E, quando nos afastamos das novidades, particularmente da experiência de conhecer gente nova, acabamos diminuindo nossas possibilidades. Nunca é demais repetir: as amizades, velhas ou novas, enriquecem a vida.

FICAR EM CASA OU TRABALHAR FORA?

Quer você seja uma mãe que trabalha fora ou que fica em casa, a vida é igualmente estressante, difícil e apresenta os seus próprios desafios. Como mãe em tempo integral, faço tudo, menos ficar em casa. Participo do revezamento de motoristas que levam as crianças para as escolas, faço compras e saio para resolver mil coisas. Meus dias são tão cheios que às vezes tenho vontade de trabalhar em um escritório só para ter uma vida mais calma. Como acontece com muitas mulheres que deixam a carreira para cuidar da casa e dos filhos, nem sempre me sinto bem em relação ao que faço. Fico entediada, ressentida e preciso fazer um esforço para avaliar as coisas com clareza, de modo a não me deixar absorver demais pela vida dos meus filhos e abrir mão da minha própria vida.

Mesmo assim, sei que muitas mulheres prefeririam estar no meu lugar. Algumas amigas me invejam pelo fato de não poderem acompanhar mais de perto o cotidiano dos filhos, mas admitem sua dificuldade de se dedicar apenas às crianças. O trabalho faz com que se sintam independentes, auto-suficientes e, segundo elas mesmas, melhores mães. "Eu me conheço", disse uma delas. "Ficaria louca se tivesse que passar o dia inteiro em casa com meus filhos. Sou uma mãe melhor porque me sinto melhor com relação a mim mesma. Mas não me entenda mal: há dias em que esses argumentos não passam de racionalização. Sei que perdi momentos importantes da vida de meus filhos, mas sinto que esta é a melhor situação para mim."

Essas mulheres optam por trabalhar porque gostam do tempo que passam fora de casa e também porque encaram o trabalho como uma atividade repleta de recompensas. Uma delas, Carrie, é advogada, profissão que sonhava em exercer desde criança. Quando se casou, desistir da carreira não era uma possibilidade. Para ela, seria como se uma parte sua murchasse e morresse. Ainda assim, é difícil coordenar os dois lados. "Há dias em que estou sem energia para enfrentar todos os meus compromissos. Sinto-me no meio de um turbilhão. Faço o melhor que posso. Meus filhos sabem disso, e meu marido também. Somos uma equipe e estamos conseguindo fazer as coisas funcionarem."

Quando as mulheres trabalham fora, a tendência é que se sintam confusas: gostam de seu trabalho, mas se preocupam por não estarem passando tempo suficiente com a família. Para muitas, trabalhar fora é menos uma opção que uma necessidade. Às vezes, são elas que garantem o sustento da família ou uma parte importante da renda familiar, mas a maioria sonha em ficar em casa com os filhos.

A discussão a respeito do que é melhor para os filhos – a mãe em tempo integral ou a mãe que trabalha fora – é interminável e cheia de amargura. Independentemente de saber se a mulher trabalha fora porque valoriza sua carreira ou por necessidade financeira, ou se prefere ficar em casa com os filhos, o importante é que se trate de uma decisão e de uma escolha pessoais.

Em vez de trocarem acusações e críticas, as mulheres deveriam se apoiar mutuamente. A maternidade é, de longe, um dos trabalhos mais exigentes e desafiadores. Não tenho dúvida de que quem trabalha fora enfrenta tantas dificuldades quanto quem fica em casa, e vice-versa. Em vez de ficar discutindo qual é a melhor opção, gostaria que as mulheres ajudassem umas às outras a se tornarem o melhor que elas puderem ser.

7. Concentre-se nos aspectos positivos das pessoas

Pessoas negativas não são boas companhias para ninguém. Escolher com quem queremos conviver é um direito que adquirimos com a idade. Como não dispomos de tanto tempo livre, preferimos passá-lo com pessoas que enriqueçam nossa vida com energia positiva.

Não é motivo de vergonha ser mais seletivo em termos de amigos e conhecidos, especialmente se você for cuidadoso e educado. É claro que existem amigos a quem damos assistência quando têm problemas ou estão doentes, e também familiares que temos a obrigação de atender. Mas, por uma questão de sobrevivência emocional, precisamos traçar uma linha divisória e nos afastar das pessoas que parecem sugar nossa energia.

Tive uma amiga que adorava se comparar comigo. Quando eu tinha qualquer problema, ela aproveitava para mostrar como era mais competente. E não se cansava de comparar nossos filhos: como nasceram (ela me fez sentir em desvantagem porque tive de fazer uma cesariana), seus progressos em termos de deixar a fralda e de começar a andar, quantos dentes tinham perdido, etc. Sempre queria se mostrar uma mãe melhor, com filhos mais inteligentes. Não é de surpreender que, aos poucos, eu tenha deixado de ligar para ela. E, quando nos víamos, eu procurava encurtar a conversa. Com isso, nossa amizade foi pouco a pouco esfriando.

Sinto falta dela? Às vezes. Mas, para ser honesta, sua competitividade destruiu minha confiança e passou a gerar uma energia negativa. Comecei a me sentir pouco à vontade com ela. Como decidi me afastar sem declarar guerra, passei a não estar mais disponível, sempre de forma gentil e sem mostrar irritação. O segredo é se concentrar nos aspectos positivos da pessoa. A uma amiga depressiva, diga que ela fica linda quando sorri ou que adora sua companhia quando ela está disposta a ver o lado bom da vida. Quanto às invejosas, muitas vezes não há outra saída a não ser a distância.

Quando nada disso funciona e o desconforto é grande, a saída é instalar um identificador de chamadas – e não se sinta culpada por isso. Você tem o direito de se proteger. Otimismo e entusiasmo são contagiosos; essas são as vibrações que você deseja captar. Não vale a pena ter amigos que ameacem sua energia positiva.

RESISTA À TENTAÇÃO DE FAZER FOFOCAS

Sempre digo que, se ficarmos ao telefone por mais de três minutos, a conversa vira fofoca. Trate de evitar isso!

8. Relaxar é fundamental

Pode parecer contraditório, mas dá trabalho relaxar. Prioridade para as mães, o relaxamento não deve ser motivo de culpa nem considerado um raro prazer. É importante descobrir como atingir um estado de serenidade e paz de espírito. Só assim podemos criar um ritual envolvendo as atividades que consideramos tranqüilizadoras – e arranjar tempo para desfrutá-las. Todos à nossa volta se beneficiarão dos resultados, pode acreditar.

O ideal é começar a desacelerar à noite. Eu costumo acender velas no banheiro e tomar um banho relaxante antes de me deitar. É nesse momento que recapitulo tudo o que aconteceu ao longo do dia e preparo meu corpo para um sono profundo. Dessa forma, consigo repor a energia física e mental de que preciso para enfrentar o próximo round no ringue de boxe que é o meu dia-a-dia.

Ouvir música é outra opção. Escolha suas canções favoritas e se deixe levar pelo momento. Se preferir som alto e dançante, aumente o volume (com a porta fechada, é claro!) e se divirta. O importante é fazer algo que lhe dê prazer. Muitas pessoas procuram atividades extenuantes, como corrida ou exercícios aeróbicos. Outras gostam mais dos aspectos espirituais da ioga ou da meditação.

Cuidar das plantas também ajuda a espairecer a mente, assim como caminhar à beira-mar ou sentar em um café para ler um pouco. Gosto de muitas dessas atividades e, sempre que posso, arranjo um tempo para realizá-las. Relaxar é uma arte. E a serenidade, o passaporte para nos tornarmos pessoas mais felizes, mães mais eficientes e amorosas e esposas atraentes.

DISTRIBUA SORRISOS

Sem perceber, passamos grande parte do dia de cara amarrada. Será que somos infelizes? Não necessariamente. Estamos estressadas? Provavelmente. Sempre tento me lembrar de sorrir, não só para impedir que as rugas de expressão se instalem em minha testa, mas porque sei que a alegria é contagiante. Quanto mais sorrio, melhor me sinto e percebo que os outros também ficam mais à vontade.

9. Administre seu tempo

Há dias em que tudo parece dar errado, em que cada passo é interrompido por novos obstáculos e a sensação que temos é de cansaço e frustração. Mas há também dias em que tudo funciona perfeitamente, como em um passe de mágica. O trânsito flui sem problemas, a vaga na porta da escola está livre, o supermercado está vazio e, por isso, sobra até tempo para retornar os telefonemas recebidos. A pergunta que surge é: como aumentar o número de dias bons e reduzir os dias ruins? A resposta é simples: planejar, planejar e planejar.

Para começar, faça uma lista de prioridades e outra de tarefas e proceda a uma atualização diária: verifique o que não foi cumprido na véspera e transfira para uma nova lista. Esse acompanhamento detalhado é o segredo da eficiência, pois permite que você se sinta mais realizada e em paz com você mesma.

Administrar o tempo é uma maneira de se cuidar. Quem vive na base da improvisação sabota a si mesma, pois falta a compromissos, ultrapassa os seus limites e sempre se atrasa, e com isso acaba desapontando amigos, familiares e colegas de trabalho.

Tenho uma amiga que aprendeu isso da pior maneira. Dona de um estilo calmo e despreocupado que funcionava bem na adolescência, ela casou e teve três filhos, mas continuou agindo como se nada houvesse mudado. Não deu certo. Apesar de não ser fácil para ela (ou natural, como ela diz), o que a ajudou a colocar a vida em ordem foi a velha e boa lista de tarefas.

Outra maneira de aumentar a harmonia e reduzir o caos na sua vida é criar um lugar para guardar as coisas importantes. Isso evita perder tempo procurando as chaves, a bolsa, a agenda ou a última fatura do cartão de crédito.

Sou perfeita? Claro que não. Há momentos em que não quero planejar absolutamente nada. Fico cansada só de pensar em organizar o meu dia. Mas, em geral, tento arranjar energia para tomar essa providência, pois sei que assim meu cotidiano flui melhor e eu me sinto mais equilibrada.

RELAXAR É PRECISO

O que diminui a sua tensão? Um banho de banheira com velas acesas à minha volta é algo que me relaxa imediatamente. E você? Eis algumas sugestões:

- Dê uma caminhada à beira-mar ou num parque próximo de casa.
- Vá ao shopping bater perna e olhar vitrines.
- Tire um cochilo.
- Marque uma sessão de massagem.
- Vá ao podólogo.
- Ligue para uma velha amiga para bater papo.

10. Seja flexível

Da mesma forma que crianças precisam ter rotinas bem definidas, adultos precisam ser flexíveis. Se nos apegamos excessivamente a determinado modo de agir, não apenas perdemos a oportunidade de nos surpreender como aumentam as nossas chances de achar a rotina enfadonha. Portanto, além de organizar o dia-a-dia e dar conta de milhares de obrigações e tarefas importantes, é preciso ter jogo de cintura.

Como tenho uma personalidade tipo A (competitiva, acelerada, sempre cheia de atividades), tenho o hábito de planejar praticamente cada minuto do meu dia. Mas, às vezes, a vida se intromete nos meus planos. É comum receber um telefonema da escola de um de meus filhos avisando que ele esqueceu um trabalho importante em casa. Quais são as minhas opções? Ficar furiosa com ele por atrapalhar meu planejamento ou levar o tal trabalho à escola e seguir com o meu dia?

Quando somos mães, imprevistos acontecem o tempo todo. Ou são os filhos que ficam doentes ou esquecem as coisas ou é a pia que entope e perdemos a manhã à espera do bombeiro hidráulico. Nesses casos, existem duas opções: ou deixamos que a mudança se interponha em nosso caminho e ficamos irritadas ou tratamos de integrar o incidente em nosso dia. Quando se tem um plano, basta corrigi-lo. Mas quem não tem nada planejado se sente perdida.

11. Pausa para descanso

Quando começo a me sentir fisicamente esgotada ou emocionalmente exausta, percebo que é hora de diminuir o ritmo e relaxar. Geralmente cancelo todos os compromissos, dou apenas os telefonemas absolutamente necessários e tiro uma soneca durante o dia – mesmo que isso signifique fechar os olhos por rápidos 20 minutos. Essa alteração na rotina repõe a energia de que estou precisando e serve de aviso a todos à minha volta de que necessito de um tempo para mim mesma.

Uma outra maneira de relaxar é fazer uma pequena viagem de férias. Quem tem um cotidiano frenético e cheio de obrigações precisa ficar à toa de vez em quando para recarregar as baterias. Em suma, dar uma trégua às preocupações. Às vezes, basta um fim de semana a dois em alguma cidade agradável nos arredores. Ou uma pequena viagem com a mãe ou com as irmãs, ou ainda uma visita a um museu, uma tarde num spa cuidando da beleza ou uma sessão de cinema no meio da tarde. O importante é sair da rotina e relaxar, seja por 24 horas ou por 24 minutos – vale qualquer oportunidade para revitalizar o espírito.

12. Crie um lar confortável e acolhedor

Você pode não ser a rainha da decoração, mas deve se preocupar em criar um lar confortável. A razão é simples: a casa tem o poder de transmitir paz de espírito, que é essencialmente o que faz toda a família feliz, e de promover a união e a tranqüilidade.

É claro que a definição de uma casa confortável e acolhedora varia muito. Considerando-se o tamanho da minha família, criei o que chamo de casa indestrutível. Apesar de não ter muitos móveis ou objetos decorativos, tento torná-la aconchegante com o uso de cores. A maioria dos móveis tem acabamento de pátina, o que disfarça os inevitáveis arranhões ou danos que possam sofrer.

Percebi também que tons como bordô, bronze e dourado minimizam o aspecto surrado das coisas. Além de ser bronze, o carpete dos quartos tem uma trama forte, de fios curtos, que disfarça a sujeira e as marcas do aspirador e dos pés. Paredes texturizadas e pisos de madeira escura são outros recursos importantes nesse sentido. Em nossa primeira casa, o chão da cozinha era branco. Eu era escrava daquele piso, sempre preocupada em deixá-lo limpo.

Para manter a atmosfera de conforto e aconchego, costumo usar tapetes de diversos tamanhos. E espalho almofadas pelos sofás, para que todo mundo possa se sentar confortavelmente. Quadros com os trabalhos manuais das crianças e fotos da família ajudam a manter as boas vibrações. Nada é mais simpático do que mesas ou paredes recobertas de retratos de pessoas rindo e desenhos coloridos.

Como passo muito tempo em casa e quero que ela reflita minha personalidade, lanço mão de pequenos detalhes para criar um clima acolhedor e tranqüilo. Coloco plantas nos cantinhos sem vida e não esqueço que cheiros e sons têm um incrível poder transformador. Por isso escolho sempre um som que encha a casa de energia positiva e deixo que o cheiro de comida e de pão assando se espalhe, principalmente no horário que Jim está voltando do trabalho. Costumo ainda acender velas perfumadas (em lugares altos, é claro, para que os menores não possam alcançá-las) depois do jantar, para absorver os odores da última refeição.

Quando cuidamos da casa, estamos cuidando de uma parte de nós mesmas. Ao criar um lar aconchegante, comunicamos ao mundo que somos pessoas abertas e receptivas. Essa mensagem cria uma energia positiva que afeta não só aqueles que vivem na casa, mas todos que a visitam. E a tendência é que o retorno seja na mesma medida.

13. Casa limpa e arrumada é sinal de mente organizada

Se você não pode pagar um serviço regular de limpeza, não deixe que a sujeira e a bagunça se acumulem. Manter a casa limpa e arrumada é mais do que uma necessidade, é uma maneira de cuidar de si mesma e obter paz de espírito. Lembro-me de uma amiga da faculdade que adorava lavar roupa. Na época, fiquei surpresa: "Por que você é tão obcecada com essa história de lavar roupa?" Ela respondeu que isso a acalmava. "Toda vez que fico ansiosa ou chateada, a primeira coisa que faço é lavar roupa." Não me esqueço dessas sábias palavras.

Embora cuidar da casa não seja uma tarefa agradável nem fácil, tem um poder tranqüilizador – como um banho quente. Para evitar ficar sobrecarregada de trabalho, crie uma lista de tarefas e vá riscando à medida que for fazendo:

- Limpar a geladeira.
- Tirar o pó, varrer o chão e passar aspirador.
- Lavar os parapeitos das janelas e as persianas.
- Ensinar as crianças a limpar seus quartos, arrumar a cama, guardar as roupas no armário e sugerir que escolham uma tarefa doméstica para fazer.
- Arrumar a casa regularmente, desfazendo-se de brinquedos, revistas e jornais velhos e outros objetos que sua família não usa mais.

- Fazer uma vistoria geral nos armários no fim de cada estação e doar peças que não são mais usadas para uma instituição de caridade.
- Lavar a roupa e guardá-la depois de limpa e passada.

Ao manter sua casa em ordem, você mantém sua mente organizada. Quando minha casa está com boa aparência, cheirando bem e com ar de limpeza, meu humor melhora e eu consigo fazer mais coisas durante o dia.

SE NÃO USA, PASSE ADIANTE

Você precisa fazer vistorias regulares nos armários e nas gavetas. O ideal é dar uma geral depois de cada estação, à procura de roupas, brinquedos e objetos danificados ou que já não satisfazem. Se uma blusa, um suéter ou uma calça atravessam um ano inteiro sem ser usados, talvez seja hora de passá-los adiante.

14. Orçamento doméstico sob controle

Podemos afundar bem depressa, sem ter nada de sólido a que nos agarrar, quando não equilibramos o orçamento doméstico. Embora isso possa parecer uma coisa banal, é impressionante a quantidade de famílias que não toma essa precaução tão simples.

Meu pai me ensinou desde pequena que o trabalho nos fortalece e que o dinheiro deve ser respeitado. Graças a isso, sempre me preocupei em descobrir meios de ganhar dinheiro, de poupar e de manter meus gastos sob controle. Respeitar o dinheiro exige coragem e comprometimento.

O acampamento de verão que organizei quando tinha 13 anos foi uma das muitas maneiras de ganhar algum dinheiro que inventei ao longo da vida. Fazer e vender cookies com gotas de chocolate foi outra idéia bem-sucedida. Modéstia à parte, muita gente dizia que eram deliciosos.

Quando estava grávida do meu oitavo filho, procurei a dona de um mercadinho perto de minha casa. "A senhora gostaria de vender os cookies que faço?", perguntei. Ela sorriu educadamente e respondeu que não. Sem jeito, olhei bem para ela e disse: "Tome. Fique com esses para experimentar e depois me diga o que achou." No dia seguinte, a mulher telefonou dizendo que os cookies eram deliciosos. Passei a vender lá minha produção durante vários meses. Quanto ganhei? Mil dólares no total.

Por que contei essa história? Independentemente do lucro obtido, ganhar dinheiro é bom para a auto-estima. As causas mais freqüentes de infelicidade nas famílias são os gastos excessivos e o conseqüente endividamento. Cartões de crédito que não foram solicitados chegam diariamente pelo correio, lojas oferecem prazos de pagamento de até um ano – enfim, são muitas as tentações.

Sou a primeira a admitir que não é fácil resistir. Às vezes, temos vontade de nos dar um presente, mas só podemos fazer isso quando o orçamento permite. Tenho o cuidado de analisar mensalmente tudo o que comprei e como parcelei o pagamento. Separo as compras feitas com cartão de crédito por categorias para ver quanto gastei em cada setor e assim estabeleço um orçamento. Pode ser chato, mas me ajuda a não ter surpresas desagradáveis no fim do mês.

Um exercício interessante, e que tem um impacto efetivo sobre a qualidade de vida, é o hábito de poupar. Sejam R$ 50 ou R$ 500, o que importa é fazer esses depósitos com regularidade mensal. A taxa de juros da poupança é baixa, mas trata-se de uma aplicação segura, o que é um incentivo a mais para poupar.

15. A perfeição não existe

Conversei com centenas de mães que dizem estar exaustas e esgotadas. Cumprem suas obrigações e desempenham suas funções sem energia ou alegria. Apesar de amarem seus filhos e seu marido, elas têm a impressão de que alguma coisa não vai bem. É como se estivessem apenas sobrevivendo, não vivendo realmente. Qual será a razão de tanto desconforto? Provavelmente é o fato de não terem tempo de fazer nada em prol delas mesmas. Conheço perfeitamente essa sensação porque também já me senti assim.

Veja como resolvi esse dilema: "Sempre soube que era uma boa mãe, que meus filhos eram felizes e saudáveis e que tinha um relacionamento sólido e amoroso com meu marido, além de uma casa confortável e um futuro cheio de esperanças. Sentia-me ligada à minha comunidade, à minha família e aos meus amigos. Na superfície, tudo estava perfeito. Tinha a vida que sempre quis ter; a vida com que sempre sonhei. Mesmo assim, alguma coisa estava me incomodando. Essa sensação me acompanhou até o momento em que entendi que me esforçava ao máximo e que isso era suficiente."

Quando as pessoas me perguntavam como eu conseguia dar conta de cuidar dos meus 10 filhos, da casa, do marido e ainda por cima me manter em forma, eu sorria mas, no fundo, não entendia a que exatamente elas se referiam. É claro que eu tinha uma vida bastante atribulada, mas não a achava muito diferente da vida que levavam as outras mães.

Mesmo assim, essa pergunta me fez refletir. E, quanto mais eu refletia, mais mudava minha atitude: em vez de me esforçar para dar conta de tudo, passei a ter uma postura de aceitação, confiança e comemoração. Compreendi que nenhum dia era perfeito, que nenhum filho era perfeito e que eu não era perfeita, embora fizesse o melhor possível e ficasse feliz com os resultados que obtinha.

Estava satisfeita com a educação que dava aos meus filhos, mostrando a eles como se tornarem adultos gentis e realizados. Administrava uma casa movimentada e mantinha um relacionamento amoroso e pleno com meu marido. Foi então que tudo ficou mais claro: eu podia não ser perfeita, mas estava fazendo um ótimo trabalho.

Você também pode modificar sua atitude. Em vez de pensar: "Como vou dar conta de mais um dia?", diga: "Que dia fantástico!" Não desperdice seu tempo com tristezas nem conte com a compaixão dos outros. Dê o máximo de si em tudo o que fizer e permita-se acreditar que fez o melhor que podia.

Olho para trás e penso: como eu consegui dar conta? Como troquei todas aquelas fraldas? Como levei todas essas crianças à escola? Como limpei todos esses narizes escorrendo? Agora tudo parece mais fácil graças ao que aprendi ao longo do tempo, especialmente a parte que se refere à impossibilidade da perfeição. Aprendi que as supermães só existem nas histórias em quadrinhos, não na vida real.

16. Comida, um problema de peso

Muitas mães se acostumam a comer as sobras dos filhos e a beliscar quando estão entediadas ou infelizes, e algumas simplesmente nunca perdem os quilos extras que ganharam durante a gravidez. Apesar das dietas e tentativas de perder o excesso de peso indesejado, prevalecem as idéias e os sentimentos que temos a respeito de nós mesmas e como isso se reflete em nossa relação com a comida. Em outras palavras: uma atitude negativa no que diz respeito à comida (achar que ela nos controla e não o contrário) acaba com a auto-estima. E é aí que está a raiz de muitos problemas de peso.

Infelizmente, essa atitude negativa pode ser perigosa. Quando eu era adolescente, uma de minhas melhores amigas se tornou anoréxica. Ficou tão obcecada com a aparência e com o que comia que, de uma hora para outra, estava pesando 35 quilos. Depois de um mês hospitalizada para receber alimentação intravenosa, ela enfrentou anos de terapia para conseguir se recuperar.

Qualquer disfunção alimentar – comer pouco ou em excesso – é exacerbada pela obsessão da nossa sociedade por uma aparência magra e bela. Somos perseguidas diariamente por imagens de mulheres com corpos magros e perfeitos. Internalizamos esses ideais e fazemos assustadoras comparações. O resultado? Baixa auto-estima.

Graças a Deus, minha querida amiga se recuperou depois de refletir muito sobre as causas por trás de sua atitude. Independentemente de termos ou não um problema alimentar, é importante notar que a nossa relação com a comida é uma indicação do nosso eu. Minha reação foi imediata: parei de ver a comida como recompensa ou consolo e passei a considerá-la o que ela efetivamente é – uma necessidade nutricional.

Se não pensamos na comida como nossa inimiga, e sim como algo positivo, ela começa a perder o poder que exerce sobre nós. Para algumas pessoas, essa atitude exige uma avaliação emocional profunda. Minha querida amiga me ensinou esta lição: ninguém sofre de anorexia ou bulimia porque quer ser magra como uma modelo. Na verdade, o controle obsessivo da comida é uma tentativa de controlar algum problema emocional mal resolvido.

Estar em forma e ter uma boa aparência são metas valiosas, mas o mais importante é ter em mente que o peso não é o verdadeiro problema. Uma auto-imagem positiva e uma auto-estima elevada são o que realmente importa. Ninguém tem que ser esquelética como as modelos de passarela, até porque a maioria dos homens não quer que sejamos assim.

O peso ideal depende de fatores genéticos, tais como estrutura óssea, altura e formato do corpo. Algumas de nós são naturalmente altas e magras, outras mais cheinhas. Se você estiver feliz consigo mesma, aceitará seu tipo físico.

BUSCANDO AJUDA

Se você sofre de um distúrbio alimentar, procure ajuda profissional. Assim como o alcoolismo, os transtornos alimentares podem afetar toda a família. Uma boa dica é o site do Grupo de Apoio e Tratamento dos Distúrbios Alimentares (GATDA): www.gatda.psc.br.

17. Desconfie das dietas da moda

Muitos regimes que prometem nos ajudar a perder peso são baseados em informações imprecisas ou enganosas. Vários atribuem a determinados alimentos propriedades que podem provocar ou a perda ou o ganho de peso, e costumam restringir certos alimentos, o que nos leva a sonhar exatamente com o que não é permitido. Quando sucumbimos ao desejo, em geral desistimos da dieta.

Começar uma dieta, parar, recomeçar ou passar para outra são atitudes que prejudicam não apenas nosso corpo, mas também nosso cérebro, além de reforçar a falta de autoconfiança e de autocontrole no que se refere ao nosso comportamento alimentar.

Mantenho meu peso comendo com moderação. Gosto de fazer pequenas refeições ao longo do dia, mas a maioria das pessoas come depressa e em grande quantidade ou passa o dia se controlando e, à noite, acaba se empanturrando. Para manter um peso saudável é importante não sentir fome.

Se você quer perder peso, deve cortar os carboidratos complexos (pães e massas) e as guloseimas (biscoitos, batatas fritas e chocolates), ficar longe do açúcar, evitar a cafeína, beber muita água e dar preferência a frutas e legumes frescos.

Para acelerar a queima de calorias, é preciso fazer ginástica ou praticar um esporte. A atividade física também tonifica o corpo e dá mais energia. Combine ir à academia com uma amiga ou compre um MP3 player para aumentar a motivação.

Segundo a Associação Dietética Americana, "a perda de peso efetiva é obtida apenas por meio de mudanças positivas nos hábitos alimentares e nos padrões de atividade física". Conheça alguns de seus conselhos:

- **Mexa-se.** Se você está parado, é melhor começar fazendo caminhadas e exercícios leves. Aos poucos, aumente a duração e a intensidade dos exercícios.
- **Levantamento de peso.** Trata-se de uma atividade que aumenta a massa muscular. Como músculos consomem mais calorias do que gorduras, vale a pena experimentar.
- **Torne sua alimentação mais variada.** O corpo precisa de nutrientes dos três grupos alimentares: carboidratos complexos, proteínas e gorduras. Sua principal fonte de energia devem ser grãos integrais, legumes e frutas, ricos em fibras. Fique longe dos carboidratos processados, pois eles aumentam a vontade de comer.
- **Reduza o tamanho das refeições.** A quantidade correta de uma porção deve caber na palma da mão.
- **Dieta ideal.** Escolha uma que seja fácil de seguir e compatível com seu estilo de vida.

18. A energia que vem do sono

Uma boa noite de sono é fundamental para manter a energia alta. Pessoalmente, não funciono quando não durmo bem, aliás, acho que ninguém funciona. Hoje em dia, a maioria das pessoas dorme poucas horas, pois acha que essa é a melhor maneira de conseguir dar conta de tudo o que consta de suas agendas frenéticas. Mas pare por um momento e pense: seu carro funciona bem quando está com pouco óleo? Não por muito tempo.

As pessoas precisam, em média, de sete horas de sono toda noite, caso contrário ficam dispersas e irritadiças. Quando me sinto assim, não consigo me concentrar, sou menos eficiente e acabo exausta.

Embora a necessidade de sono varie de pessoa para pessoa, algumas se sentem ótimas com seis horas de sono, mas há também quem precise dormir, no mínimo, 10 horas. Preste atenção se você está dormindo mais nos fins de semana do que nos dias úteis. Se isso estiver ocorrendo, é porque não está respeitando sua necessidade diária de sono.

Dormir é indispensável para o funcionamento adequado de nosso cérebro e de nosso corpo, e crucial para nosso equilíbrio emocional. A privação de sono consome a energia da pessoa e provoca uma sensação de exaustão física e psicológica. Por isso ensine seus filhos a prepararem seu próprio café da manhã nos fins de semana (para facilitar, deixe tudo à mão de véspera), de modo que você possa ficar até um pouco mais tarde na cama.

Durante a semana, tente cochilar sempre que possível. Podem ser 10 minutos no carro, enquanto espera as crianças saírem da escola, ou 20 minutos no cabeleireiro, quando estiver no secador. Quem não quer desfrutar a energia e a sensação de que "tudo é possível" que experimentamos depois de uma ótima noite de sono? Pois é. Para que isso se repita diariamente, é preciso recarregar as baterias.

Veja outras idéias para aumentar suas horas de sono:

- Faça um revezamento com seu marido para poder acordar mais tarde ou ir para a cama mais cedo.
- Use um ventilador ou qualquer aparelho que faça algum ruído capaz de abafar o som ambiente.
- Cochilar é ótimo para relaxar. Quanto mais descansada você estiver, melhor vai dormir à noite.
- Se tiver problemas para pegar no sono, não fique rolando na cama. Levante-se e procure ler em algum lugar confortável. Só volte para a cama quando estiver sonolenta.
- Não tome cafeína após o meio-dia. O café rouba sua energia depois que passa o efeito inicial e atrapalha seu sono.

Dormir não é perder tempo. Ao contrário. Só quem dorme bem consegue enfrentar o mundo com o coração alegre e o corpo saudável.

19. Inclua a malhação na rotina diária

Uma das minhas prioridades é a manutenção da forma física. Malhar é minha válvula de escape, meu seguro de saúde, meu tempo especial de cada dia. É verdade que nem todo mundo se sente da mesma forma, mas sei que a maioria, independentemente do peso ou da aptidão física, se sente melhor quando se exercita regularmente. O desafio é encontrar uma atividade que seja prazerosa e persistir nela.

Se você não incluir a atividade física na sua rotina, é pouco provável que ela se torne realidade. Outra dica é vestir sua roupa de ginástica logo cedo para se lembrar de fazer os exercícios.

Comece com caminhadas de três quilômetros, duas vezes por semana. Em duas semanas, você já estará se sentindo melhor. No fim de três meses, poderá dizer a si mesma que caminhou mais de 80 quilômetros. Imagine só!

20. Rotina de atleta

Comecei a fazer levantamento de peso porque é uma atividade que dá ótimos resultados a curto prazo. Além disso, tonifica os músculos e aumenta a massa muscular, o que ajuda a queimar calorias. Treino durante 30 minutos, quatro vezes por semana, e altero a série de exercícios a cada seis ou oito semanas. Portanto, não é algo que exija muito tempo.

Outras vantagens: o material usado é mínimo e não ocupa muito espaço. Apesar de as academias oferecerem equipamentos excelentes e de alta tecnologia, é possível trabalhar os músculos usando apenas dois pares de alteres.

O ideal é começar com o menor peso e ir aumentando gradualmente. Além de levantamento de peso, ainda faço quatro sessões de 20 minutos de exercícios aeróbicos (caminhada, bicicleta ergométrica ou esteira) e séries para abdômen e glúteos. É a combinação de aumento da massa muscular (levantamento de peso) e queima de calorias (exercícios aeróbicos) que me mantém em forma.

EXERCÍCIOS PARA ENRIJECER O BUMBUM

Esta seqüência irá não apenas endurecer o seu bumbum, mas também evitar que ele fique caído.

- Fique na posição de quatro apoios.
- Levante uma perna de cada vez, apontando o pé na direção do teto. Faça 50 repetições. Flexione a perna e faça mais 50 repetições.
- Gire o quadril e repita o movimento, primeiro com a perna esticada, depois com a perna flexionada. Faça 50 repetições para cada movimento.
- Com a perna dobrada, movimente o pé para trás. Faça 100 repetições.
- Repita com a outra perna.
- Deite de costas, levante uma das pernas e depois a outra. Faça 100 repetições.

21. Nunca é tarde para começar a praticar um esporte

Muitos adultos acham que praticar esportes é um privilégio de crianças e atletas. Não é verdade. Treinar e competir são atividades estimulantes para a mente e o corpo.

Segundo uma amiga quarentona que recomeçou a jogar tênis depois de um intervalo de 15 anos, "uma parte de mim voltou à vida". Para retomar o ritmo, ela contratou aulas particulares e passou a treinar em clubes. Ela admite que no início foi bastante difícil, tanto no aspecto físico quanto mental, mas que depois começou a se sentir bem-disposta.

Se você não gosta do ambiente de academia, praticar um esporte é uma ótima alternativa. Melhor ainda se puder praticá-lo com o marido e os filhos. Uma dose de competição e de paixão em família pode ser estimulante. Acredite: a descarga de adrenalina que o corpo recebe quando vencemos uma prova provoca uma sensação maravilhosa.

Os benefícios de qualquer atividade física para o sistema cardiovascular, e para a saúde em geral, são evidentes. Mas há ainda vantagens para a vida social, pois o esporte facilita o relacionamento com os pais dos amigos dos filhos e com outros membros da comunidade.

Esportes coletivos são motivadores e revigorantes. Jogo tênis e vôlei regularmente e a camaradagem entre as pessoas é um bônus valioso. Se você foi atleta na juventude, tente reunir antigas companheiras para jogos semanais. Se tiver espírito aventureiro, pode tentar algo diferente: kick boxing, boliche, remo ou caiaque.

Descubra a atividade esportiva mais adequada ao seu estilo e redescubra seu lado competitivo. Nunca é tarde demais para começar.

22. Confie em seu estilo

O segredo para você se sentir bem com o próprio corpo é descobrir que tipo de roupa lhe cai bem, considerando o formato do corpo, a personalidade e a idade. Quando uma mulher conhece seu estilo, se sente desenvolta e segura.

Sempre fui adepta do estilo jeans e camiseta. Quando a cintura baixa entrou na moda, consegui encontrar uma calça de cós baixo mas não excessivamente insinuante. O segredo é usar uma roupa que valorize o seu corpo e esteja na moda, mas não a deixe ridícula.

O decote tomara-que-caia, por exemplo, não favorece mulheres com mais de 40 anos. Decotes assimétricos, por outro lado, funcionam muito bem. Nenhuma de nós quer entrar antes da hora na terra dos sapatinhos confortáveis e da rinçagem azulada no cabelo, mas também ninguém quer ser alvo de comentários maldosos por exagerar no sentido contrário.

As revistas de moda são muito divertidas de se ver, mas não é preciso levá-las tão a sério. A verdade é que as tendências nem sempre funcionam para quem já entrou nos "enta". Adaptar a moda à nossa própria concepção de beleza é a grande sacada.

Eis algumas dicas que as mães ocupadas devem levar em conta.

Em primeiro lugar, as roupas têm que ser confortáveis:

- Escolha roupas fáceis de serem lavadas. Acredito que você saiba por quê: crianças fazem a maior bagunça.

- Use roupas confortáveis e que não atrapalhem os movimentos. Você vai se sentir muito mais livre.
- Escolha roupas que valorizem o que seu corpo tem de melhor (e escondam os defeitos).
- Não use nada muito ousado: miniblusa, decote profundo ou saia muito justa. Isso não é sexy, é vulgar.

Em segundo lugar, resista às peças datadas, que só duram uma estação. Em vez disso:

- Aposte na versatilidade: jeans charmosos, camisetas coloridas e um ou dois suéteres formam o kit básico da mãe ocupada.
- Combine peças fashion com itens clássicos.
- Misture tons fortes e neutros para criar looks vibrantes.

Em terceiro lugar, acrescente um toque pessoal:

- Acessórios tais como cintos, brincos, pulseiras e echarpes põem à prova sua capacidade de combinar/descombinar, mas são curingas indispensáveis.
- Só use lingerie em bom estado. Seja de algodão, de lycra ou de seda, o importante é que calcinhas e sutiãs estejam impecáveis.

Em vez de comprar as novidades da estação, confie em seu bom gosto e escolha apenas o que combina com sua personalidade e seu humor. E que valorize seus pontos fortes, é claro.

23. Mantenha-se em dia com o básico da beleza

Quase toda mulher sabe o que valoriza e o que atrapalha seu visual. O problema é ter tempo (e dinheiro) para manter em dia a rotina de beleza.

Quem é vaidosa, mas não tem tempo para um ritual de beleza muito elaborado, deve usar pelo menos o hidratante corporal após o banho e o creme hidratante capilar, especialmente se tiver o hábito de lavar a cabeça todo dia, pois ajuda a conservar o brilho e a vitalidade dos fios. Também é importante manter as unhas dos pés e das mãos aparadas e tratadas.

Vale a pena ter um cuidado constante: não deixe o cabelo branco aparecer, trate da pele e das unhas, exercite-se e durma o máximo que puder. Esses cuidados fazem muito bem à auto-estima. Se você não puder se dar ao luxo de ir a um salão de beleza, encontre uma amiga talentosa que a ajude a fazer as unhas ou a tingir o cabelo – e, depois, retribua o favor.

No mundo da beleza, são os detalhes que fazem a diferença. Ficar bonita dá trabalho, mas vale a pena o esforço. Quando você se sente bem com você mesma, esse prazer faz você brilhar – por dentro e por fora.

24. Gravidez: faça as coisas do seu jeito

As grávidas sofrem pressões de todos os tipos. Todo mundo controla o seu peso, dá opinião a respeito do melhor tipo de parto ou das roupinhas e acessórios que devem comprar para o bebê... enfim, a lista de obrigações é interminável. Para sobreviver aos meses de espera sem perder o bom humor, é melhor entrar em sintonia com seus desejos e com o que a faz sentir-se confortável, saudável e animada.

Sei que algumas mulheres vão estranhar, mas preciso confessar: adoro estar grávida. Tive minha cota de enjôos, dores de cabeça, cansaço e pernas latejando, mas a verdade é que gosto da sensação.

Toda gravidez altera o corpo e o estado de espírito da mulher. Minha estratégia era não remar contra a corrente. Sabia que os dias ruins logo seriam substituídos por dias bons e encarava os nove meses como um período mágico e especial. Ou seja, mesmo quando não me sentia 100%, pensava no bebê e, pronto, ficava feliz novamente.

Nos momentos em que por alguma razão não me sentia atraente, ou ficava chateada por não conseguir mais me abaixar para pegar alguma coisa, colocava as mãos na barriga e sentia o bebê. Era uma maneira de lembrar a mim mesma a bênção que era estar grávida.

A gravidez é um período de preparação emocional, física e espiritual para a nova vida que está chegando. Se for sua estréia, leia tudo o que puder sobre o assunto. Tenho certeza de que o seu médico já lhe disse o que comer e como deve cuidar de seu corpo. Há muito tempo para se preocupar e planejar o futuro do bebê.

Decisões pessoais

Não deixe que as pessoas tomem decisões por você. Tenho uma amiga que se deixou influenciar pela mãe e pela irmã e se arrependeu. "Desde o início eu queria que o bebê ficasse ao meu lado, mas minha mãe e minha irmã afirmaram que eu ia me arrepender. Até tentei deixar o bebê no quarto dele, mas acabei trazendo-o para perto de mim e foi ótimo."

Quem está certa ou errada? Não importa. O importante é saber o que funciona para você e seu bebê. Respeite seus desejos. Quando digo que nunca amamentei, as pessoas se surpreendem. Fui muito pressionada pelos médicos, por minhas amigas e por meus familiares, mas decidi que a melhor opção para alimentar meus 10 bebês era a mamadeira. Primeiro, porque meu marido e meus filhos mais velhos poderiam alimentar o bebê e, segundo, porque eu poderia retomar minhas atividades normais mais cedo.

Não acho que essa decisão prejudicou meus filhos ou afetou sua saúde de alguma forma. Todos cresceram fortes e saudáveis. Como se trata de uma decisão pessoal, analise as opções, pense no que é melhor para você e para sua família e escolha.

25. Gravidez em forma, do início ao fim

Fico impressionada com a quantidade de mulheres que encaram a gravidez como um passe livre para engordar e parar de se exercitar. Nada pode ser pior para você e para o seu bebê.

A ciência demonstra que quanto mais em forma a mulher estiver durante a gravidez, melhor será sua recuperação depois que o bebê nascer. Se o seu corpo está acostumado a exercícios regulares, ele vai interpretar a gravidez como uma ginástica longa e continuada.

Costumo adaptar minha rotina de exercícios, mas procuro me manter ativa ao longo dos nove meses. No primeiro trimestre, às vezes enjôo pela manhã e tenho crises de cansaço. Nessa fase, mantenho apenas a série de levantamento de peso. No segundo trimestre, quando os enjôos acabam, retomo os exercícios aeróbicos, inclusive partidas de tênis. Apenas tomo cuidado para que meus batimentos cardíacos não aumentem muito. Em minha última gravidez, joguei tênis até o sétimo mês.

Quando chego ao terceiro trimestre, reduzo o ritmo e faço longas caminhadas e exercícios simples de alongamento. Mantenho o treino com pesos mais leves.

O fundamental é respeitar os limites do seu corpo. A gravidez não é uma época boa para começar a praticar um esporte. Se você não se exercita regularmente, é melhor se limitar a caminhar ou a fazer ioga.

GUARDA-ROUPA DE GRÁVIDA: CONFORTO E ESTILO

Não mude seu estilo só porque está grávida. Com a oferta de jeans, camisetas, calças e outras roupas para grávidas, não é mais preciso apelar para vestidos gigantescos ou camisetas extragrande. É o máximo ser uma grávida sexy.

26. Alimentando o espírito

Embora não tenha o costume de exibir minha fé, considero-me uma pessoa profundamente espiritualizada. Rezo diariamente com meus filhos e meu marido e, às vezes, vou à igreja para pedir a bênção de Deus. Em outros momentos, prefiro dar um passeio com meus filhos menores.

Sempre que entro em contato com essa parte do meu eu, minha vida ganha força e sentido. Sinto-me mais alegre e preparada para enfrentar qualquer problema.

27. Seja otimista

Ser feliz e ter uma visão otimista da vida é tanto uma opção quanto uma característica genética. A ciência mostra que algumas pessoas têm mais serotonina (substância que atua no equilíbrio emocional) no cérebro do que outras. Isso pode explicar a tendência que alguns têm à melancolia (ou à depressão). Acredito, porém, que é possível reverter essa tendência lançando mão do poder do pensamento positivo.

Ninguém é feliz o tempo todo. É natural ter seus dias de baixo-astral. Mas, quando isso acontece, a melhor saída é pensar nas pequenas coisas que lhe dão prazer e se concentrar nos objetivos imediatos, para não ser sufocada pelas preocupações.

Muitas vezes, rezar me ajuda a ser positiva. Por exemplo, quando fui nomeada presidente do comitê diretor do hospital, me senti sobrecarregada pelos inúmeros compromissos e pela imensa responsabilidade. Sabia que teria de abordar esse trabalho de um jeito diferente se quisesse fazer alguma coisa realmente significativa. Comecei a rezar, pedindo paciência e capacidade de concentração. Quanto mais rezava, mais positiva me sentia a respeito do trabalho; quanto mais positiva me sentia, mais confiante ficava.

Quando estiver de mau humor, procure entender por que está se sentindo assim. Será que é porque seu marido saiu de manhã sem se despedir? Ou porque está tendo problemas de insônia?

Uma vez identificado o motivo, fica muito mais fácil impedir que o sentimento negativo se espalhe e contamine todo o resto.

É fácil se deixar levar pelas emoções negativas. Elas parecem ter o poder de se infiltrar em cada célula de nosso corpo. O segredo é mantê-las acuadas e estimular o desenvolvimento de sentimentos mais positivos.

28. Forte, porém com um coração brando

Existe força na vulnerabilidade. Essa é outra lição que tive de aprender. Numa festa de Halloween, um de meus filhos brigou com um colega da escola. Ninguém se machucou, mas o problema não acabou ali. A mãe do menino ligou e disse coisas desagradáveis sobre minha família. Fiquei furiosa com sua grosseria. Parte de mim queria revidar, mas a outra parte sabia que era melhor respirar fundo. Se entrasse no mesmo nível de grosseria, só pioraria a situação. Então, engoli o orgulho: mandei uma mensagem desejando-lhes um bom Dia de Ação de Graças e reiterei minhas desculpas por meu filho ter feito algo que irritou o filho deles.

No fundo, não tinha do que me desculpar, mas valeu a pena "dar a outra face": tirei um peso do meu peito.

Estar disponível para sentir a dor dos outros e apto a estender a mão, a perdoar e a continuar crescendo interiormente é o que nos permite amar as pessoas mesmo quando não aprovamos o modo como elas se comportam em algumas ocasiões.

Ter um coração gentil também significa reconhecer as próprias fraquezas e, acima de tudo, se perdoar. Sem guardar rancor ou culpar os outros por nossos sentimentos feridos. Ter um coração gentil é seguir em frente e não perder tempo com autopiedade.

29. Agradeça as bênçãos recebidas

Minha vida é repleta de bênçãos. Tenho 10 filhos saudáveis e um casamento maravilhoso com o homem que amo. Sou física, emocional e espiritualmente forte. Por tudo isso e muito mais, agradeço diariamente a Deus.

Acreditando ou não em Deus, você também pode agradecer tudo o que há de bom em sua vida. Por quê? Porque a gratidão significa que você reconhece que nada lhe é dado de mão beijada e, por isso, tudo se torna mais significativo. Quanto mais espaço houver em sua vida para atitudes positivas, mais positividade você atrairá.

30. Faça a sua parte

É nosso dever retribuir tudo de bom que o mundo nos dá. Compartilhar sem esperar receber algo em troca é profundamente enriquecedor para o espírito. Ajudar pessoas fora de nosso círculo familiar representa um excelente exemplo para nossos filhos e nos obriga a lembrar que o mundo é um lugar enorme e que não somos o seu centro. Aprendi essa lição com meus pais, ainda criança, e agora trato de transmiti-la a meus filhos.

Como a maioria das mães atarefadas, tenho de fazer um esforço para incluir essa missão em minha rotina. Contribuo para obras de caridade, dôo roupas, brinquedos e comida para um abrigo e trabalho como voluntária. Escolha uma organização filantrópica que signifique algo para você e descubra uma forma de contribuir.

Se você tem alguma experiência como executiva, ótimo. Talvez possa redigir um projeto de solicitação de recursos para uma instituição beneficente, ou ajudar em sua administração. Gosta de ler e escrever? Que tal trabalhar como voluntária numa escola para crianças carentes? Ajudar os mais necessitados é uma ótima maneira de redescobrir seus próprios talentos.

O ideal é envolver seus filhos nessas atividades. Leve-os para brincar com as crianças da creche comunitária ou para ajudar na distribuição de alimentos para sem-tetos. Estimule-os a dar parte de sua mesada, ou de seus brinquedos, aos mais carentes. Isso vai ajudá-los a ser menos materialistas. Na época do Natal, meus filhos costumam escolher um presente para uma criança de sua idade e levá-lo a um orfanato da vizinhança.

As crianças aprendem não apenas pelo exemplo, mas também pela repetição. Por isso procuro estabelecer um padrão e ser generosa de forma consistente e adequada ao tempo, à energia e ao dinheiro disponíveis.

Parte 2
SEU CASAMENTO

O elogio que mais gosto de receber é quando as pessoas perguntam se eu e Jim somos recém-casados. Se acham isso, é porque somos visivelmente felizes quando estamos um na companhia do outro. Nos conhecemos há 25 anos, sendo 19 anos de casamento, o que às vezes surpreende até a nós mesmos.

O que faz nosso casamento funcionar tão bem é o carinho que temos um pelo outro e por nossa relação. Sem dúvida, manter um casamento exige muito trabalho, mas, acima de tudo, é preciso ser capaz de rir e de se divertir juntos. Quando duas pessoas se amam e têm os mesmos valores, também devem saber enfrentar as tormentas que ocorrem em qualquer relacionamento.

Acredito que, para que a relação floresça e se mantenha saudável, todo casal precisa se entrosar emocional, física e espiritualmente. Essas três dimensões devem ser cultivadas para que permaneçam ligados um ao outro.

Atração. É comum os casais terem um período em que o relacionamento físico tem mais peso e o romance é vivo e estimulante. É a fase da paixão.

Amizade. Essa é a fase em que o casal ainda se sente muito unido, porém mais como amigos. É essa conexão que sustenta o dia-a-dia e garante a longevidade da relação.

Laço espiritual. Trata-se de um sentimento impreciso e difícil de descrever, mas nem por isso menos crucial para que o casal se mantenha unido. É a ligação espiritual que faz com que os dois se sintam como um só.

A vida é breve e plena. Nem sempre nos relacionamos satisfatoriamente nessas três dimensões, mas, quando isso acontece, o amor, a energia e a esperança ganham profundidade, significado e propósito.

Experiências pessoais. As 30 reflexões que se seguem têm o objetivo de ajudar você e seu companheiro a se comunicar melhor e a amar de forma mais profunda e duradoura. Elas oferecem também inspiração para que sua união se torne mais espiritual.

1. Amigos para sempre

Embora os casais quase sempre comecem como amantes, a amizade é a dimensão mais sólida de qualquer relacionamento. Conheci Jim numa festa quando eu tinha 16 anos e ele, 17. Desde o primeiro minuto em que o vi, me senti fisicamente atraída. Lembro que ele estava usando um chapéu de caubói. Éramos o típico casalzinho adolescente, mas eu sentia que também éramos grandes amigos, pois adorávamos estar juntos e tínhamos vários interesses e valores comuns. Como minha mãe gosta de repetir, ela sabia quando era Jim ao telefone porque eu ficava rindo.

Hoje, 25 anos depois, ainda somos grandes amigos e nos divertimos muito quando estamos juntos na ginástica, na quadra de tênis ou mesmo quando nos encontramos para um café durante a semana. Essa relação baseada em interesses comuns, camaradagem e respeito é o forte do nosso relacionamento.

Quando Oprah Winfrey telefonou dizendo que queria nos entrevistar para sua revista, esperei que Jim chegasse para decidir. Por quê? Porque queria tê-lo ao meu lado para compartilhar aquela notícia fantástica – afinal, ele é o meu melhor amigo.

Só fica apaixonado para sempre quem é amigo para sempre. Quando duas pessoas têm consideração uma pela outra, quando se completam e se respeitam, estão agindo como amigas. Quando existe comprometimento, até as brigas servem para que um passe a conhecer e a compreender melhor o outro. É essa confiança que cria a base para um relacionamento amoroso estável.

DIVERSÃO A DOIS

O que vocês dois gostam de fazer? Pescar? Visitar antiquários? Ir ao cinema? Antes de ter filhos, temos todo o tempo do mundo para nos divertir. Depois, parece que o tempo livre desaparece no ar. Mas as coisas não precisam ser assim. Uma forma de fortalecer a amizade em seu relacionamento é planejar alguns programas simples que interessem a ambos.

2. Um equilíbrio difícil

É fácil se deixar levar pela vida e pelas necessidades dos filhos. Desde o momento em que trocamos as primeiras fraldas, tudo o que fazemos é tentar atender a todas as demandas dos filhos. Embora eu seja uma mãe cuidadosa e empenhada, sei que preciso colocar meu relacionamento com Jim em primeiro plano.

Não é fácil pensar e agir como mulher e como mãe. De fato, é um enorme desafio se dedicar aos filhos sem perder de vista o motivo que a levou a constituir uma família.

Apesar de ter 10 filhos, Jim e eu sempre arranjamos tempo para nós dois. Uma noite, no verão passado, fizemos exatamente isso. Era sexta-feira e minhas reservas de energia tinham se esgotado. Jim chegou do escritório e levamos as crianças a uma competição de natação, conforme fora combinado, e ainda paramos para fazer um lanche antes de voltar para casa. Depois colocamos os menores na cama e saímos para jantar, deixando os mais velhos tomando conta. Precisávamos ficar sozinhos por algum tempo.

Não há melhor presente para os filhos do que saber que seus pais se amam e se respeitam, e gostam de estar juntos. Isso faz com que se sintam seguros. Por outro lado, quando presenciam brigas e discussões, sentem-se perdidos. A insegurança é um dos maiores obstáculos a uma auto-estima e a uma autoconfiança sadias.

Pelo bem dos seus filhos e para o seu próprio bem, invista no relacionamento com seu marido. Mesmo que esteja se sentindo cansada, procure recebê-lo com um belo sorriso no rosto. Planeje um encontro a dois – por exemplo, uma ida ao teatro seguida de jantar. Marque a data, contrate uma babá e faça as reservas. Imagine poder jantar sem interrupções.

De vez em quando mande as crianças para a casa dos avós, de amigos ou de primos para que vocês possam ficar sozinhos. Diga aos seus filhos que vocês precisam ter um tempo só seu. Explique que isso não significa que eles sejam menos importantes e que a força da família vem de um sólido relacionamento entre pai e mãe.

PEQUENAS GENTILEZAS

Uma forma de saber que vocês continuam a se ver como namorados é a maneira como se tratam. Se tratarmos nossos maridos com cortesia, respeito e ternura, aumentam as chances de que eles se comportem do mesmo modo. Deixar que abram a porta do carro e nos dêem a mão para sair pode parecer uma atitude antiquada, mas gestos simples como esses nos mostram que eles cuidam de nós.

3. As necessidades de cada um

Para continuarem unidas, duas pessoas precisam se sentir bem quando estão afastadas. E uma das principais maneiras de um casal fazer isso é estimular o crescimento e a independência um do outro. Seu marido já a incentivou a fazer algum curso? Você o encorajou a encontrar tempo para voltar a se exercitar? Você já manifestou o desejo de aprender um novo hobby ou esporte e percebeu que seu marido não ficou nada entusiasmado com a idéia?

Quando decidi estudar para me tornar personal trainer, sabia que o curso exigiria muita dedicação e tomaria muito tempo. Jim me apoiou com entusiasmo e, embora tenha precisado alterar seus horários, assumiu a casa e até sentou para estudar comigo.

Ele tem a mesma atitude com relação a qualquer projeto meu. Às vezes, conversa com as crianças e explica que estou cansada e precisando de ajuda. Todos então se unem e, assim, posso tomar um banho com calma ou ir para a cama mais cedo.

Uma das paixões de Jim é caçar. Ele adora estar ao ar livre, na companhia do pai, dos irmãos e de nossos filhos mais velhos. Embora eu não me interesse tanto assim pela atividade, sempre o encorajo a arranjar tempo para suas expedições, e até ajudo a planejar as viagens.

É muito importante que um estimule o outro a fazer as coisas de que gosta sem culpa. Quanto mais incentivamos os interesses um do outro, mais nos encorajamos mutuamente a continuar a crescer nos aspectos intelectual, físico e emocional. A auto-estima positiva é um dos principais alicerces de um relacionamento saudável.

EXPERIMENTE ALGO NOVO

A independência vem da confiança e um dos meios de criar confiança é experimentar algo novo. Pouco importa se ganhamos ou perdemos, a nossa capacidade de acreditar em nós mesmos só aumenta quando experimentamos uma nova situação, ou ampliamos as margens da nossa área de conforto. Que tal tentar fazer algo novo? Já pensou em treinar para uma maratona? O ideal é arranjar alguém que possa treinar com você. Depois de três meses, você ficará orgulhosa de ver quanto é capaz de correr e a que velocidade.

E costurar, bordar ou tricotar? Lá se foi o tempo em que nossas avós nos ensinavam esses predicados quando éramos crianças. Mas nunca é tarde para aprender. Muitas mulheres encontram grande conforto e prazer costurando ou tricotando. Não só produzem algo com as próprias mãos como se sentem tremendamente relaxadas.

Filiar-se a um clube de leitura também é uma idéia. Trocar impressões com outras pessoas que leram o mesmo livro é uma experiência estimulante. A popularidade do clube de leitura da apresentadora Oprah Winfrey inspirou milhares de mulheres por todo o país a criarem seus próprios clubes. Filie-se a um desses grupos ou crie um no seu bairro e descubra o prazer de ler.

Aulas de culinária também podem ser divertidas. Nos Estados

Unidos, uma boa maneira de aprender novas receitas e fazer amigos é participar de uma organização chamada Time Out for Dinner (Pausa para Jantar). Uma vez por mês, um grupo se reúne para preparar diversas refeições para suas famílias. Mediante o pagamento de uma taxa, a empresa fornece os ingredientes, os utensílios e até a cozinha. Os cardápios são enviados pelo correio a cada mês, portanto você fica sabendo com antecedência o que vai preparar. Na última vez que participei, trouxe para casa 12 refeições para pôr no freezer.

Quando exploramos o mundo, aprendemos novas habilidades e vivências e, em conseqüência, ficamos mais autoconfiantes e satisfeitos.

4. Construa uma relação de confiança

A confiança é a argamassa de qualquer relacionamento saudável. Sem esse sentimento de respeito, a relação desmorona. Mas confiança não é algo que surge espontaneamente; é preciso conquistá-la e construí-la ao longo do tempo.

Quando estava recém-casada, era muito mais insegura que hoje. Ficava em casa sozinha com filhos pequenos e me sentia sobrecarregada e hesitante quanto à minha função no mundo. É verdade que era jovem e tinha me tornado mãe havia pouco tempo; ainda não tinha desenvolvido a capacidade de acreditar em mim mesma, de confiar em Jim ou em nosso casamento.

Às vezes, tinha inveja do tempo que Jim passava fora de casa trabalhando. Quando ele saía com os amigos, eu ficava me perguntando o que estaria fazendo e desejava poder fazer o mesmo, em vez de ficar trancada em casa com as crianças. Na época, eu não percebia a importância de cuidar de dois filhos pequenos. Será que Jim me dava algum motivo para desconfiar dele? Não havia qualquer razão para questionar o comportamento de meu marido. Mas, como eu estava buscando a autoconfiança fora de mim, não percebia a realidade.

Não gostava de agir ou pensar desse jeito. Onde estava a jovem aventureira que saíra de casa para fazer faculdade no Texas? Depois que me tornei mãe, perdi a conexão comigo mesma. Era como se meu antigo eu (jovem mulher) não tivesse se integrado ao meu novo eu (jovem mãe). Quando tomei consciência de que eu era tanto uma coisa quanto outra, percebi que adorava ser mãe e estar casada com Jim. Essa percepção me deixou mais à vontade e, conseqüentemente, a sensação de tranqüilidade emocional se fortaleceu.

Vieram mais filhos. Nossa família cresceu e Jim cresceu junto. Comecei a perceber que eu também estava amadurecendo. As crianças começaram a ter mais atividades e eu passei a sair mais. Ao ter mais liberdade, me senti mais à vontade no papel de mãe e de mulher, e comecei a buscar dentro de mim as fontes de minha autoconfiança. Isso me aproximou de Deus. Deixei que Seu amor inundasse meu coração e minha vida.

O fato de me sentir à vontade em minha própria pele faz com que a confiança em meu relacionamento flua com naturalidade. Mas, quando me sinto desconfortável, são grandes as chances de projetar esse sentimento na relação. Como Jim nunca me deu motivo para suspeitar dele, questionar seus atos ou duvidar do seu amor por mim, a confiança entre nós é sólida como uma rocha.

Afastando as sementes da desconfiança

Algumas mulheres têm motivos para se sentirem traídas. Afinal, seus maridos tiveram casos extraconjugais. Mas por que a maioria dos casais não consegue se reestruturar depois de uma traição? Porque a confiança essencial se perdeu. A infidelidade destrói o elo que une as pessoas e isso é muito difícil de ser recuperado.

Mas há mulheres como eu, que nunca vivenciaram a infidelidade, que no entanto apontam a confiança como um problema em seu casamento. Nesse caso, trata-se apenas de baixa auto-estima.

Como disse uma amiga: "Depois que meus dois filhos passaram a ir à escola, fiquei sem saber o que fazer comigo mesma. Não estava pronta para voltar a trabalhar em tempo integral porque queria estar em casa quando as crianças voltassem da escola. Foi então que comecei a ficar obsessiva com relação a meu marido: Com quem teria almoçado? Por que ainda não tinha chegado? Será que tinha ido a algum lugar depois do trabalho? Ele ficou perplexo com aquela minha súbita desconfiança."

"Até que, uma noite", prosseguiu ela, "perdi o controle e caí no choro. Quando me acalmei, tivemos uma longa conversa e meu marido sugeriu que eu começasse a fazer alguma atividade. Ele tinha razão. Eu precisava ter minha vida de volta. Depois de algumas pequenas mudanças, me senti muito melhor e, é claro, todo aquele meu ciúme desapareceu!"

Esse é um exemplo típico de uma pessoa que passou a desconfiar da outra porque não estava conectada com o seu próprio eu. Da próxima vez que começar a ouvir vozes enciumadas ressoando em seu ouvido, faça a si mesma a seguinte pergunta: "O problema é comigo ou com o casamento?" É fundamental manter as duas coisas separadas, mas é fácil misturá-las. Lembre-se de que, quanto mais consciente estiver de seus próprios sentimentos, mais objetiva será sua visão de seu relacionamento.

Você se esforça conscientemente para tratar seu marido com educação, gentileza e respeito? Lembre-se de que ser carinhosa e amorosa é tão fácil quanto ser rabugenta e ressentida – não deixe que o pior se torne um hábito.

A confiança é baseada no amor que um tem pelo outro. É ela que protege e afasta o casamento dos perigos, tanto externos quanto internos.

5. Demonstre admiração por seu marido

Não sou de ficar exibindo meu amor por Jim em público, mas adoro elogiá-lo na frente dos outros. Posso ver seu coração se encher de alegria bem diante dos meus olhos. Recentemente, num jantar com amigos, eu disse como ele era bom pai e que, por mais ocupado que esteja no trabalho, sempre arranja tempo para praticar algum esporte e até treina diversos times a cada temporada. Quando falo disso com nossos amigos, Jim percebe minha admiração.

Esses reforços positivos aumentam a autoconfiança de Jim. E ele faz o mesmo comigo. Vive exaltando meus dotes culinários e como deixo a casa sempre um brinco. Fazemos questão de elogiar um ao outro na frente das crianças para que elas aprendam que expressar admiração é algo positivo. Quanto mais vivenciarem nossa ligação, mais saudáveis serão suas experiências de relacionamentos. Também fazemos questão de louvar nossas respectivas famílias. Ao dizer coisas agradáveis sobre a família de seu marido, você aumenta a intensidade do amor que existe em seu casamento.

Portanto, não economize os elogios pelo sucesso profissional de seu marido, por ele estar bonito ou simplesmente por ser um ótimo marido. As palavras só têm peso quando ditas em voz alta.

NÃO ECONOMIZE NOS ELOGIOS

Se o seu marido a faz feliz, diga isso a ele. Se você gosta de sua aparência, diga isso a ele. O mesmo vale para as situações de trabalho. Se ele está particularmente satisfeito com um novo negócio, dê-lhe os parabéns e demonstre sua admiração. Mas é importante que a recíproca seja verdadeira. Queremos que eles reconheçam nosso esforço e nossas realizações.

Como disse uma amiga: "O fato de a cozinha estar limpa às 9h da manhã, os quartos das crianças arrumados às 10h e o resto da casa ao meio-dia não deveria ter importância. Mas, para mim, tem, e eu gostaria que também tivesse para o meu marido. Então, peço a ele que observe tudo o que faço dentro de casa. Às vezes, tenho que lhe mostrar isso ou aquilo: 'Você reparou que pintei o quarto das crianças? Viu que mandei emoldurar aquelas fotos e pendurei na sala?' E, quando ele diz que gosta de tudo o que faço, me sinto bem melhor."

6. Fique atenta às mudanças

Toda transição é difícil e testa a força da relação. Na verdade, qualquer mudança gera estresse e obriga as pessoas a se adaptarem. Esses momentos difíceis podem ser positivos para um relacionamento, pois levam ao amadurecimento, fortalecem a determinação e estreitam os laços existentes.

O nascimento de cada um de nossos filhos sempre foi motivo de alegria e comemoração. No entanto, é uma fase de muitas mudanças e, por conseqüência, de necessárias adaptações. Desde o primeiro enjôo até a primeira contração o casal passa por um período de incessantes transformações que têm um profundo impacto sobre toda a família, mas especialmente sobre sua relação.

A grávida costuma ficar mais cansada à medida que a gravidez avança e, por isso, vai deixando de fazer mais e mais coisas. O marido, em geral, passa a ter uma presença mais ativa nos cuidados com a casa e as crianças.

Depois do nascimento do bebê, vem a fase em que ninguém dorme uma noite inteira. Bebês exigem cuidados e atenção constantes, o que significa que a energia diminui, a paciência se esgota e a irritabilidade vira rotina. É nessas horas que precisamos nos esforçar para manter acesa a chama do amor.

O estresse pode afastar as pessoas se elas não prestarem atenção ao que está acontecendo. Certas mudanças são grandes e significativas, como um novo emprego, uma transferência ou um problema de saúde, mas outras são sutis. Da próxima vez que sentir seu marido distante, avalie o que pode estar acontecendo:

- Talvez você esteja se sentindo esgotada.
- Talvez um de seus filhos esteja doente.
- Talvez uma das crianças esteja passando de uma fase de desenvolvimento para outra.
- Talvez alguém esteja magoado.

Questione-se. Por que mudanças você passou recentemente? Se achar que seu marido está reprimindo seus sentimentos, converse com ele. Seja paciente e atenciosa. Mudar é difícil e inevitável, mas o importante é saber lidar com o impacto que isso provoca em nossos relacionamentos.

7. Recordar é viver

Quando o casal trabalha no sentido de manter viva a história que construiu, torna o relacionamento mais vibrante e cheio de esperanças para o futuro. Uma forma de fazer isso é lembrar os bons tempos, as crises e os momentos de amor. Recordar o passado estimula os sentimentos que consolidaram a relação.

Jim e eu costumamos recordar cada momento divertido que passamos juntos e também os erros e as gafes que cometemos ao longo dos anos, mas há algumas histórias que ilustram muito bem o espírito de nosso casamento. Uma das minhas preferidas é a de quando estava grávida de oito meses do meu primeiro filho e fui jantar com Jim em um restaurante chinês.

Durante o jantar, comecei a sentir uma dor horrível na altura da lombar. Por instinto, me agachei e comecei a circular de gatinhas pelo restaurante na tentativa de aliviar a dor. Num certo momento, comecei a vomitar – diante de clientes horrorizados e preocupados. Os garçons corriam de um lado para outro me perguntando freneticamente se eu queria um chá quente. Jim e eu pensamos que era o trabalho de parto, mas, quando chegamos ao hospital, descobrimos que o bebê estava pressionando meu nervo ciático, daí a dor.

A cena – eu, de quatro, me contorcendo pelo chão do restaurante chinês e vomitando na frente de todos os clientes – é meio nojenta, mas extremamente engraçada. Há algo a respeito desse episódio que nos faz vivenciar a ligação que existe entre nós, nosso amor e tudo aquilo por que passamos.

Um casal me contou a história de seu primeiro encontro, e vale a pena repeti-la aqui. Eles estavam passeando por uma cidadezinha à beira-mar, quando passaram por cima de um bueiro e o relógio da mulher escorregou de seu pulso e caiu lá dentro. Ela parou e disse: "É... Perdi meu relógio." Seu namorado (e futuro marido) ficou estarrecido com aquela reação. "Eu teria tentado tudo para recuperar o relógio. Foi muito legal ver que Sandy era pouco apegada às coisas materiais. Essa é uma de suas maiores qualidades."

Pode ser revigorante lembrar o tempo em que vocês se conheceram ou quando saíram juntos pela primeira vez. Reviver, de alguma forma, faz com que vocês cultivem o futuro.

8. Comunique-se

Um dos segredos para manter a intimidade com seu marido é ficar atenta aos pequenos sinais. O fato de ele não reclamar de nada não significa que tudo vai bem. Se estiver muito calado, pergunte se está preocupado com dinheiro, se as coisas estão correndo bem no trabalho ou se ele anda se sentindo mais estressado que de costume. Demonstre sua preocupação e tente participar mais de sua vida.

Com a correria do dia-a-dia, é fácil não perceber como o outro está se sentindo. Portanto, faça questão de manter-se atualizada sobre essa questão. O ideal é reservar um tempo à noite para conversar sobre tudo o que aconteceu ao longo do dia, retomar assuntos pendentes ou simplesmente bater papo. É verdade que casais com filhos pequenos geralmente estão tão cansados que, ao deitar, pegam no sono assim que apóiam a cabeça no travesseiro, mas é fundamental arranjar tempo para conversar.

Nos fins de semana, fica mais difícil ter alguns minutos de sossego. Casais divorciados costumam apontar o afastamento como uma das razões da separação: "Paramos de conversar." Portanto, não esqueça de manter os canais de comunicação desobstruídos.

O segredo é achar o momento certo para falar. Evite fazer a abordagem quando estiver ansiosa ou quando as crianças estiverem por perto. Aproxime-se com delicadeza: "E então, não quer me dizer o que está acontecendo? Acho que precisamos conversar."

A comunicação entre marido e mulher é trabalhosa e requer carinho e paciência, mas a recompensa é enorme. Os casais que aprendem a falar e a ouvir reforçam os alicerces de sua intimidade.

9. Reflita antes de falar

A questão não é só o que dizer ao outro, mas como dizer. Você pode estar zangada, frustrada ou desapontada com seu parceiro, e ter até um bom motivo para isso, mas começa a minar seu relacionamento quando fala num tom ríspido, ofensivo ou sarcástico.

Sei do que estou falando porque, quando estou frustrada, às vezes uso um tom sarcástico. Por exemplo, quando ninguém faz elogios ou comenta que a comida está saborosa, fico magoada. Em vez de dizer que adoraria saber o que eles acharam do jantar, pergunto bruscamente: "Que tal o jantar? Será que alguém gostou?" É frustrante ter despendido tempo e energia e não ver nenhuma reação ou reconhecimento ao seu esforço. Por outro lado, percebo que a observação ferina instala um clima ruim.

Lembro-me de uma manhã caótica em que estávamos todos atrasados. Algumas crianças queriam saber se iam tomar café, mas eu não tinha tido tempo de preparar nada, pois estava correndo para arrumar todo mundo. Então Jim perguntou abruptamente: "Você não vai ver algo para eles comerem?" Seu tom me ofendeu, fez me sentir um desses cozinheiros de lanchonete e não sua esposa.

Mais tarde, perguntei a Jim de modo sarcástico: "Você não vai ver algo para eles comerem?" Ele não tinha a menor idéia do que eu estava dizendo. Quando expliquei o que estava por trás de minha observação, Jim pediu desculpas. Mesmo assim, passei o dia furiosa comigo mesma. Se pelo menos eu tivesse dito alguma coisa na hora...

Somos humanos. Às vezes ficamos na defensiva. Às vezes revidamos. O ideal é pensar antes de falar. Quando os sentimentos de raiva ou frustração começam a entrar em ebulição, respire fundo e reflita sobre o que a deixou tão irritada e/ou magoada. Ao fazer isso, fica mais fácil recuperar a tranqüilidade.

10. Ouça o que o outro tem a dizer

Todo mundo gosta de poder contar com um bom ouvinte. E, mais do que ninguém, nosso marido merece atenção. Nem sempre é preciso responder ou propor soluções para seus problemas. Verbalizar o que está incomodando e se sentir acolhido pelo outro já é suficiente.

Jim e eu fazemos isso o tempo todo um com o outro. Quando ele se prepara para uma reunião de trabalho, prefere organizar as idéias falando delas em voz alta para eu ouvir. Também gosto de elaborar pensamentos e sentimentos em voz alta.

Quando você oferece e recebe do outro atenção, fortalece o relacionamento. A disponibilidade e o interesse em ouvir o que o outro tem a dizer representam uma forma poderosa de comunicar o amor, o cuidado e o respeito por essa pessoa.

11. Peça em vez de acusar

Mãe em tempo integral ou mãe que trabalha fora – não importa: a verdade é que a maioria das mulheres acaba acumulando, junto com suas outras tarefas, o trabalho doméstico (inclusive idas ao supermercado) e o cuidado com os filhos. Sei que há exceções, mas nós geralmente assumimos a maior cota da responsabilidade pela administração do cotidiano familiar. E acabamos nos tornando rabugentas quando sentimos que o marido não está fazendo a sua parte nessa tarefa.

É difícil evitar a sensação quando se passa o dia inteiro arrumando a casa e limpando a cozinha depois do café, do almoço e do jantar. Mas não adianta resmungar. Isso é apenas um triste retrato de como você está se sentindo.

Para alguns casais, a rabugice e o mau humor tornam-se uma forma de comunicação. Em vez de conversar e enfrentar os problemas diretamente, eles recorrem a expressões indiretas de frustração que levam à irritação mútua e fazem mais mal que bem. Não adianta fazer comentários do tipo "Será que dá para você fazer alguma coisa para me ajudar?" ou "Não sabe onde ficam as coisas nesta casa?".

A queixa generalizada magoa e causa danos. Em vez de acusar ("Você nunca tira o lixo!"), experimente pedir: "Adoraria se você tirasse o lixo."

Embora as mulheres reclamem mais, os homens também têm

sua parcela de culpa. Só com a participação dos dois é possível romper o ciclo. Quando me pego resmungando, fico horrorizada. Então tento me conter e transformar a queixa em sugestão e a acusação em pedido.

12. Discuta sim, mas do jeito certo

Desentendimentos fazem parte da vida de qualquer casal. Se todo mundo concordasse em tudo, a vida seria muito chata. O fato de brigar não significa que o casamento está mal. Na verdade, as discussões podem ser um meio saudável de resolver problemas, desde que elas não sejam ofensivas ou degradantes. Uma briga de vez em quando pode ser estimulante, pois nos ensina a resolver as diferenças.

Aposto que você e seu marido acham que se completam e que você o considera diferente o bastante para ser interessante. Jim e eu passamos por isso. Embora ele goste que eu seja organizada e cuide de tudo, era exatamente essa qualidade que o irritava. Eu o lembrava de fazer uma coisa e queria que ele fizesse imediatamente. Jim dizia: "Me dê uns três dias." Eu o pressionava, ele ficava zangado e acabávamos discutindo. Com o tempo, mudamos algumas atitudes e tudo passou a fluir melhor. Agora, quando preciso que ele faça algo, aviso-o com antecedência para que ele resolva as coisas no seu ritmo e não no meu.

É fundamental que os casais revelem suas emoções e que não guardem rancor ou ressentimento. Sempre que os sentimentos são reprimidos, eles crescem mais e mais. Quando discuto com Jim, espero um pouco para me acalmar e digo o que quer que esteja sentindo. Aprendi a me abrir, não só com Jim, mas com todas as pessoas.

Depois de um desentendimento, Jim e eu temos o hábito de retomar o assunto passados alguns dias. Conversamos sobre o que aconteceu e sobre o que dissemos um ao outro. Dar ao parceiro o direito de perder a cabeça de vez em quando e conseguir rir disso mais adiante é incrivelmente libertador.

Quando Jim e eu nos desentendemos, tentamos seguir algumas regras: nunca ofender, concordar em discordar quando necessário e sempre fazer as pazes no final. Discussões são válvulas de escape naturais para a tensão. Quando os casais assumem essa energia e aprendem a explorá-la, acabam ficando mais próximos.

13. A arte de pedir desculpas e perdoar

O filme *Love Story, uma história de amor* está errado: amar significa ter que pedir perdão. Para que um relacionamento seja saudável, temos de ser capazes de nos desculpar e de perdoar, mesmo que isso venha a ferir nosso orgulho.

Lembro que eu e Jim já tínhamos discutido sobre como disciplinar as crianças. Tenho a tendência de ser mais condescendente e dar alguns avisos antes de tomar uma atitude. Já ele tende a ser mais inflexível, dando uma única advertência antes de aplicar um castigo. Um dia a discussão esquentou e acabamos batendo o telefone na cara um do outro. Na manhã seguinte, depois que ele saiu para trabalhar, sentei e lhe escrevi uma longa carta explicando por que discordava dele.

Aos poucos minha visão do incidente foi se tornando mais clara. Percebi que, embora ainda acreditasse que estava certa e ele, errado, fiquei incomodada com minha atitude. Pedir perdão sempre foi mais difícil para mim do que para Jim. Costumo ficar remoendo brigas.

Só recentemente comecei a entender que sentimentos negativos são desgastantes para mim e um fardo para Jim, além de serem um desperdício de energia. Então passei a pedir desculpas. Embora não seja fácil, sinto-me bem melhor, como se tivesse tirado um peso de cima de mim.

Deixar o orgulho de lado é um desafio, mas o que me estimula é o fato de acreditar que o meu casamento é mais importante que meus sentimentos feridos. É por isso que tento entender o que estou sentindo e sempre procuro pedir desculpas quando percebo que dou vazão à minha raiva.

Perdoar também é difícil. É preciso colocar o amor acima da ofensa e seguir em frente. E confiar que o outro não teve a intenção de magoar. Só assim é possível perdoar e esquecer.

14. É preciso fazer concessões

As pessoas sabem que precisam fazer concessões, mas a maioria não tem idéia de como fazer isso. É comum, inclusive, acharem estar fazendo alguma concessão quando de fato não estão. Por quê? Porque a atitude é mais importante que a ação. Se o casal está realmente comprometido, terá mais chance de abordar os conflitos de maneira honesta, tendo consciência de que há sempre pelo menos duas formas de lidar com as situações.

Jim e eu fazemos concessões importantes quando viajamos em família. Ambos somos organizados e ambos gostamos de comandar, mas, quando viajamos com nossos filhos, é Jim que assume o comando. Tudo fica bem mais fácil quando há apenas um líder.

Outro exemplo de conciliação: depois do nascimento de nosso filho caçula, comecei a caminhar para voltar à forma. Em vez de fazer seus exercícios habituais, Jim decidiu me acompanhar. Sei que ele preferiria mil vezes um trabalho físico mais vigoroso, mas me acompanhava para passar algum tempo comigo.

Se você e seu marido aprenderem a ceder na hora de escolher um filme ou um restaurante, vão ter mais condições (e disponibilidade) de chegar a um acordo em situações mais complexas, como a compra de uma casa, de um carro ou a escolha da escola dos filhos.

15. Aprenda a demonstrar o seu amor

Há muitas maneiras de demonstrar o seu amor. O primeiro passo é compreender que o outro precisa ouvir a mensagem. Jim, por exemplo, adora quando cozinho para ele. Ele entende que, quando preparo uma refeição ou um lanche, o que realmente faço é demonstrar meu amor por ele. A comida é um meio primordial de transmitir afeto. Nos fins de semana, é ele que assume a churrasqueira ou prepara o café da manhã. É a minha vez de relaxar e é o seu jeito de mostrar que me ama.

Para evitar descompassos, é importante descobrir como o outro gosta de receber demonstrações de amor. Tenho uma amiga que sempre reclama que o marido nunca lhe compra o presente certo. Quando perguntei o que ele lhe dá, ela respondeu: "Jóias." Para ela, seria mil vezes melhor se ele planejasse uma viagem para os dois. "Estamos sempre tão ocupados com as crianças e o trabalho que o mais importante, para mim, seria passar um tempo ao lado dele."

Como você demonstra seu amor? Talvez ele goste de dar um passeio com você ou ficar vendo um filme ao seu lado. Talvez aprecie que você resolva algumas coisas por ele ou que lhe faça uma massagem no pescoço depois de um longo dia de trabalho. Seria bom se vocês tentassem descobrir isso juntos. É sempre melhor perguntar do que presumir.

16. Harmonia na hora de dormir

Você já ouviu isto antes: nunca durma chateada. É a mais pura verdade. O mais importante desse clichê é que ele valoriza a harmonia num relacionamento. Na maior parte das noites, Jim e eu caímos na cama como operários. Exaustos. Arrebentados. Quando conseguimos dar um beijo carinhoso de boa-noite, pegamos no sono com a nítida sensação de ter uma ligação profunda e amorosa.

Por outro lado, quando dormimos zangados, em geral acordamos desorientados e sem energia. Sabendo disso, tentamos fazer as pazes antes de dormir. É claro que nem sempre conseguimos, mas pelo menos tentamos. É a garantia de um amanhecer cheio de esperança e amor.

17. Um batom pode fazer maravilhas

O fato de ter 10 filhos e 1.001 obrigações não é desculpa para o desleixo. Você pode estar cansada ou sem um bom motivo para se vestir bem, mas lembre-se de que você já foi uma mocinha atraente. Por que então fazer o estilo desmazelada?

É claro que ninguém se desapaixona por causa de alguns quilos a mais ou de algumas rugas de expressão, mas a verdade é que os cuidados com a aparência refletem a admiração e o amor que ainda temos pelo outro.

O.k. Ter uma boa aparência requer tempo e dinheiro, mas passar um blush, pentear o cabelo e vestir um jeans, em vez de calças de moletom manchadas, não custa quase nada. Quando cuidamos um pouco do visual, tudo melhora. Além de aumentar nosso bem-estar, isso demonstra respeito e consideração pelos outros.

Gosto de investir em roupas de dormir. Não desabo na cama usando uma camiseta rasgada ou um short folgado. Visto uma linda camisola ou um bonito pijama que me caia bem. Tenho certeza de que o meu marido fica feliz.

O mesmo vale para o modo como você o recebe. Espere-o na porta com um sorriso e não comece com reclamações a primeira conversa que vão ter depois de um dia inteiro de trabalho.

TENHA UMA BOA APARÊNCIA, PARA ELE E PARA VOCÊ MESMA

Veja algumas dicas rápidas e fáceis para ter uma boa aparência:

Durma bem. Uma boa noite de sono retira anos de nosso rosto.

Aplique uma máscara facial para revigorar a pele.

Relaxe numa banheira de água morna com lavanda ou outros óleos essenciais para refrescar o corpo e a mente.

Faça pés e mãos. Unhas limpas, lixadas e pintadas fazem maravilhas pelo nosso estado de espírito.

Faça a sobrancelha usando uma pinça ou cera.

Aplique um autobronzeador para realçar o tom de sua pele e o seu ânimo – especialmente no inverno.

18. É importante manter a atração física

Eis uma grande questão: com que freqüência devemos ter relações sexuais com nossos maridos? Uma vez por mês? Uma vez por semana? Todo dia? Cada um tem sua opinião a respeito do que é "suficiente".

Muitas mulheres alegam que o interesse sexual diminui por causa das inúmeras obrigações domésticas. Depois de passar o dia amamentando, atendendo os filhos, fazendo comida e cuidando da casa, na hora de ir para a cama, só querem saber de descansar.

Essa é uma armadilha que deve ser evitada. É natural que os casais fiquem preguiçosos quando estão juntos há muito tempo. A falta de tempo, de privacidade ou de energia são ótimas justificativas, mas não caia nessa armadilha. Não abra mão do amor físico.

Gosto de pensar na atração mais como proximidade do que como sexo. Há muitas maneiras de mostrar ao seu parceiro que você precisa dele e, sem dúvida, uma das mais poderosas é a demonstração física. Um beijo ou um carinho quando ele diz algo doce pode ser suficiente. O importante é expressar de forma natural a profunda e vital ligação que os une.

NADA DE FILHOS NA CAMA DO CASAL

Adoro quando meus filhos vêm se juntar a nós na cama, mas há uma hora e um tempo para tudo. Se quiser cultivar a atração física e a intimidade com seu marido, proteja sua privacidade. É claro que as regras foram feitas para serem quebradas – um filho doente, um pesadelo, um bebê recém-nascido –, mas, de modo geral, tente evitar que as crianças passem a noite com vocês na cama. É a única maneira de preservar sua intimidade.

19. Seu quarto é seu santuário

Não deixe que sua casa seja tomada por brinquedos, equipamentos esportivos e outras parafernálias infantis. Eu, por exemplo, mantenho a bagunça sob controle e me esforço para deixar meu quarto impecável. Como parte do compromisso que temos um com o outro, nosso quarto (ou nosso "santuário", como o chamamos) precisa estar sempre limpo, sem jornais ou revistas pelos cantos ou roupas penduradas nas portas dos armários. A cama arrumada com muitas almofadas fofas e perfumadas e a iluminação difusa aumentam o clima de intimidade. Ao manter tudo em ordem, você não deixa que nada distraia a atenção que um deve dedicar ao outro.

Um dos principais entraves à intimidade é a televisão. Mas, se você não consegue deixar de ver seus programas prediletos antes de dormir, tente ao menos minimizar seu uso. Quando nos casamos, um amigo disse: "Lembrem-se, nada de TV no quarto." Depois de já termos seis ou sete filhos, ele disse a Jim: "Talvez seja hora de arranjar uma TV." Estamos pensando no assunto.

20. Clima de romance

Romance não é algo que acontece pura e simplesmente. Tem de ser planejado. Isso significa reservar algum tempo na agenda semanal e cultivá-lo.

Quando quero passar uma noite romântica com Jim, planejo tudo de antemão. Contrato uma babá, faço reserva num restaurante e compro ingressos para algum show. Então mando um e-mail para ele e tento aguçar a sua curiosidade com relação ao que planejei. Crio, assim, uma expectativa gostosa.

Evite fazer "sempre a mesma coisa". Seja criativo e invente programas divertidos. Veja algumas sugestões:

- Saia para dançar.
- Encomende o jantar em seu restaurante favorito e "jante ao ar livre" na varanda.
- Fique acordada até mais tarde, vendo um filme na cama (se tiver TV no quarto).
- Dê um passeio ao pôr-do-sol. Se morar à beira-mar, ótimo. Caso contrário, escolha uma colina com uma bela vista para o poente e curta o entardecer abraçadinha como uma adolescente.
- Prepare uma cesta de piquenique e escolha um parque para passar algumas horas ao lado do seu amor.
- Combine ir ao cinema na primeira sessão. Namorar no escurinho do cinema é uma delícia.

Outra maneira de criar um clima romântico é passar a noite num hotel bacana. Tem gente que reserva esse programa para as datas especiais, como Dia dos Namorados e aniversários de casamento, mas vale a pena fazer uma surpresa para o parceiro. Ele vai gostar, com certeza.

Esses encontros permitem deixar de lado por algumas horas as responsabilidades com a casa e os filhos – e resgatar a atração física que um sente pelo outro.

FILMES ROMÂNTICOS PARA VER A DOIS

Arranje tempo para ver um filme a dois. Acrescente a esta lista os seus favoritos!

Tarde demais para esquecer
Bonequinha de luxo
Casablanca
Ghost
Love Story
Romeu e Julieta
Sintonia de amor
As pontes de Madison
A princesa prometida
Crown, o magnífico
Titanic
Harry e Sally – Feitos um para o outro

21. Resgate a sensualidade dos tempos de namoro

Um dos desafios da maternidade é se ver como uma mulher atraente. Em meio a fraldas sujas de cocô, sem poder tomar banho até tarde da noite e sem tempo para pintar os cabelos brancos, é difícil resgatar a imagem de *femme fatale* pela qual nosso marido se apaixonou. Para mim, sensualidade tem mais a ver com a maneira como me sinto do que com a aparência. É uma questão de estado de espírito.

É verdade que não dá para ignorar os corpos perfeitos de mulheres nas capas das revistas, na tela da TV e no cinema. É como se o mundo estivesse dizendo que não somos sexy se não tivermos um corpo parecido com o de Gisele Bündchen. Mas não acredito nisso. Mesmo grávida de nove meses, eu me sentia sexy.

Em minha opinião, o importante é a autoconfiança. Quando cuido de mim e consigo um tempo para relaxar e restaurar minhas energias, sinto-me à vontade com meu corpo e minha mente. Em suma: vejo-me mentalmente como uma mulher atraente.

Considero vital que as mulheres se vejam como seres sexuais. Quando não fazem isso, se arriscam a perder sua conexão com seu poder interior, o que pode levar ao recolhimento e até à repressão do amor e da afeição que sentem pelo companheiro. Dessa forma, o relacionamento caminha para o desastre.

22. Mantenha a energia sexual em dia

Uma das formas de manter a sensualidade é cuidar do próprio corpo. Tive 10 filhos e já não sou mais uma menina, mas ainda me sinto fisicamente forte e com o corpo ótimo.

Você não precisa ter uma rotina de exercícios como a minha para ser autoconfiante. Na verdade, o que mantém sua energia sexual é a maneira como você cuida do próprio corpo. Quando quero mais intimidade com meu marido, cumpro um ritual: tomo um banho, ponho para tocar uma música suave e acendo uma vela. É muito relaxante e me faz sentir sensual e autoconfiante.

Ninguém a conhece melhor do que você mesma. Portanto, dedique algum tempo a atividades prazerosas e veja como isso influencia positivamente sua relação com seu marido.

FAÇA UMA MASSAGEM

A massagem é uma forma de se reconectar com seu próprio corpo e se sentir sensual. Existem várias modalidades e os preços variam de acordo com a experiência do profissional.

23. O desafio do pós-parto

O estresse de cuidar de um recém-nascido é grande, mas não deixe que ele ultrapasse os limites. Peça ajuda a seu marido, especialmente nos três primeiros meses, por causa dos horários inconstantes do bebê. O máximo de intimidade que você vai conseguir nessa fase é um abraço, aconchego ou a gentileza de ficar algum tempo sozinha para fazer o que quiser – tirar uma soneca, tomar um banho ou dar uma volta ao ar livre.

O pós-parto é um período em que os hormônios femininos passam por alterações quase diárias. As mulheres que amamentam experimentam uma efetiva queda da libido, pois a oxitocina, o "hormônio da amamentação", assume o controle. Quem teve filho de parto normal pode sentir dor durante as primeiras relações sexuais e quem foi submetida a cesariana precisa ter cuidado com os pontos e com a cicatrização.

O importante é que cada mulher respeite seu tempo natural de restabelecimento. Eu tive sorte. Depois de cada parto (quatro normais e seis cesáreas), meu corpo se recuperou sem muita dor ou esforço. Como não amamentei, meus hormônios voltaram ao normal bem depressa.

Não existe tempo certo para um casal retomar sua vida sexual, mas é importante que os dois conversem a esse respeito e estejam atentos aos sentimentos um do outro.

24. Cultivando o compromisso

É fácil pensar que o casamento acaba com as preocupações sobre a relação amorosa. Nada menos verdadeiro. Um relacionamento só sobrevive se ambas as partes continuarem cultivando os laços e compromissos que os unem. A maneira que cada um escolhe para fazer isso é que varia. A maioria procura datas especiais, como aniversários de casamento, para trocar presentes e resgatar a relação que tinham antes de se tornarem pais.

Jim e eu cultivamos nosso compromisso de várias formas. Uma das mais proveitosas foi um retiro espiritual que fizemos em um aniversário de casamento. Jim estava planejando viajar para algum lugar de praia, mas um padre amigo nosso sugeriu que comemorássemos a data com um retiro e adoramos a idéia. Foi um momento de reavivar nossos votos e nossa ligação espiritual. A experiência nos aproximou e aprofundou nossa relação.

A maneira de comemorar um relacionamento e cultivar o compromisso a dois é menos importante do que lembrar de fazer isso.

25. Aceitando o outro

É muito comum algumas mulheres tentarem modificar os hábitos dos maridos por meio de estímulos em favor de determinados interesses e estilos de vida. Mas, quando um conhece os defeitos do outro e o jeito como ele faz as coisas, percebe que é mais produtivo e menos hipócrita aceitar o parceiro como ele é.

É provável que, depois de um dia longo e cansativo, seu marido goste de ficar sentado diante da TV e você prefira ler. Talvez ele tenha o hábito de esperar até o fim do mês para pagar as contas, ao passo que você prefere pagá-las assim que chegam. São grandes as chances de que ele seja econômico na hora do banho, optando por uma chuveirada rápida, enquanto você se estende em longos banhos quentes que deixam o banheiro todo embaçado.

Duas pessoas nunca são iguais, por mais que se amem e se dêem bem juntas. Uma amiga diz que gosta de arrumar a cama assim que ela e o marido se levantam. Antigamente, vivia reclamando com ele: "Por que você nunca faz a cama? Por que sou sempre eu que tenho que fazê-la?" Um dia, porém, percebeu que o marido realizava tarefas, como tirar o lixo, que ela detestava. Para evitar que ele começasse a atazaná-la para se revezar com ele na retirada do lixo, tratou de arrumar a cama sem reclamar.

Há reciprocidade na delicadeza e na aceitação. Se você abrir seu coração para uma visão positiva, vai descobrir que ele se comportará da mesma forma. No fim, todos saem ganhando.

26. Revendo seus valores

Jim e eu compartilhamos os mesmos valores, acreditamos na importância da fé, da família e da comunidade. Temos uma relação de confiança, honestidade e respeito. E nos esforçamos para agir o máximo possível de acordo com esses valores e crenças. Por exemplo, fazemos questão de jantar juntos, demonstrar consideração pelos mais velhos e ter uma atitude amorosa e respeitosa para com nossos pais.

Quando a vida se torna muito atribulada, é fácil deixar que os compromissos e valores pessoais caiam no esquecimento. O ideal é manter-se atenta e dedicada à manutenção dos laços de união com seu marido.

27. O perigo da compulsão pelo consumo

Os Estados Unidos são um país abençoado pela abundância, o que é uma característica positiva desde que a pessoa não caia no consumismo exacerbado. O grande perigo do apego aos bens materiais é deixar as pessoas mais ligadas nas coisas superficiais do que em seus relacionamentos.

Casados há quase 40 anos, Barbara e Mike pareciam um casal perfeito. Estavam sempre muito bem-vestidos, eram calorosos e encantadores e iam à igreja regularmente. Seus três filhos, já adultos, eram casados e bem-sucedidos profissionalmente. Um belo dia, uma de suas filhas recebeu um telefonema desesperado da mãe dizendo que o pai estava doente. E mais: que ela havia descoberto que o marido tinha uma dívida enorme relativa aos empréstimos que fazia há anos.

Barbara sentiu-se enganada, como se sua vida fosse uma farsa. A casa no bairro elegante, a mobília Luís XVI, as jóias... nada disso havia sido pago. Assim que Mike se recuperou, Barbara teve uma conversa séria com ele. "Por que você fez isso?", perguntou ela. "Queria fazê-la feliz", respondeu ele.

A história de Mike e Barbara pode parecer exagerada, mas é uma situação cada vez mais comum. A compulsão pelo consumo já virou tema de grupos de apoio nos moldes dos Alcoólicos Anônimos. O materialismo pode gerar desarmonia e desconfiança e transformar a vida em um desastre.

28. Seja realista: a vida nem sempre é uma festa

Crescemos sonhando com amor, romance, liberdade e dinheiro. Não pensamos em hipotecas, problemas de saúde, tédio ou decisões difíceis. Só depois de adultos é que percebemos que a vida real não é como nos filmes.

Quando se assume a responsabilidade de ser ao mesmo tempo mulher, esposa e mãe, tem-se a oportunidade de vivenciar tanto a felicidade quanto o caos. A compreensão de que a vida nem sempre é uma festa ajuda a enfrentar os tempos difíceis com uma atitude positiva.

Às vezes, marido e mulher se sentem próximos e em perfeita harmonia; outras, brigam como cão e gato e se perguntam por que motivo se apaixonaram um pelo outro. Assumir uma perspectiva de longo prazo ("até que a morte nos separe") é o segredo para caminhar rumo a um futuro melhor. Toda fase ruim passa, portanto, não torne sua vida ainda mais difícil fixando-se no presente.

Quando surge uma crise familiar, costumo enfrentá-la com a perspectiva de que, mais à frente, surgirão momentos de muita felicidade e alegria. Minha fé em Deus me ajuda a aceitar que estou na Terra não apenas para minha própria satisfação, mas para o aprimoramento da humanidade como um todo. Em meu entender, cada experiência – grande ou pequena, positiva ou negativa – ajuda a me tornar uma pessoa mais forte e melhor.

29. O sentido da vida

Jim e eu nos sentimos mais próximos quando ajudamos outras pessoas. Isso enche nosso relacionamento de um propósito que nos ultrapassa. Estendemos a mão para nossos pais e irmãos. Doamos roupas, comida e dinheiro a pessoas carentes.

Não estou lhe dizendo isso para sobrecarregá-la com mais obrigações, nem para me vangloriar, mas sim porque descobri que, quanto mais Jim e eu nos voltamos para nossa comunidade, mais fortalecemos nossa relação.

Um exemplo poderoso desse compromisso com os outros aconteceu alguns anos atrás, quando vimos o especial da Oprah Winfrey sobre a AIDS na África. O programa foi ao ar cerca de um mês antes do Natal. Vendo Oprah conversar com as crianças e percebendo a vida miserável que elas levam, Jim e eu ficamos comovidos.

A diferença gritante entre elas e nós nos deu uma nova perspectiva com relação ao Natal. Decidimos que naquele ano não daríamos brinquedos para nossos filhos. Nosso presente seria passar mais tempo juntos, em família. Também resolvemos ajudar as crianças carentes fazendo doações a instituições. Resultado: tivemos um dos fins de ano mais alegres, descontraídos e harmoniosos dos últimos tempos. Jim e eu nos sentimos unidos e em paz. O altruísmo é um escudo contra o egoísmo e um convite à comunhão.

30. A verdadeira felicidade

Todo dia é uma fonte de inspiração para a alegria. Para mim, a alegria é a capacidade de perceber a beleza da vida. Quando vivenciamos a verdadeira felicidade ao lado de nosso companheiro, elevamos o relacionamento a um novo patamar – mais profundo, mais espiritual, mais próximo de Deus.

Como vocês buscam a alegria? Rindo juntos, rezando juntos, tendo contato com a natureza juntos ou ouvindo música juntos? O caminho pode variar e cada um deve encontrar o seu, mas o objetivo é a união de duas almas.

O nascimento de cada um de nossos filhos representou um momento de êxtase. Experimentamos essa mesma alegria cada vez que testemunhamos uma proeza de nossos filhos. Mas também a sentimos quando rezamos e agradecemos a Deus por todas as bênçãos que recebemos.

Parte 3
SUA FAMÍLIA E SEUS FILHOS

Nada motiva mais as mães que o instinto de manter os filhos a salvo e o desejo de fazê-los felizes. Queremos que aprendam a tomar decisões com confiança, que se tornem adultos responsáveis e que se realizem nos aspectos pessoal e profissional. Também queremos que respeitem os outros e sejam educados. Desnecessário dizer que nem todos esses nobres objetivos são fáceis de ser alcançados.

Criar filhos é uma atividade repleta de risos e alegrias, embora seja também exaustiva e estressante. Nos dias difíceis, sonho em fugir para uma ilha deserta, mas sei que estaria perdida sem a felicidade e a alegria que eles me proporcionam; sem aqueles rostinhos amorosos e sorridentes bem diante dos meus olhos.

Uma questão de atitude

Antes de ser mãe, eu era professora, portanto, aprendi muito sobre como conciliar regras e caos, preocupações e tranqüilidade, descaso e superproteção. Em sala de aula, o método mais eficiente era o que chamo de meio-termo produtivo, ou seja, quando você se sente à vontade para ser flexível, demonstrar interesse e se envolver. Pois é, também encontrei esse meio-termo como mãe.

O que obtemos da maternidade é o que investimos nela: se você inspira alegria e risos, receberá alegria e risos; se enxerga estresse e desafios, essa será sua percepção. De certa maneira, é uma questão de atitude. No meu caso, busco o equilíbrio entre descontração e zelo, pois desejo que meus 10 filhos se sintam livres para se desenvolver, cada um do seu jeito. Quero estimulá-los a explorar, de modo seguro e sensato, seu eu interior e o mundo que os cerca.

Administrando a família

Espero que os conselhos e dicas que apresento a seguir sejam úteis para quem deseja criar filhos felizes, saudáveis e confiantes e com potencial para se tornarem pessoas bem-sucedidas – e capazes de retribuir quando tiverem chegado lá, é claro.

Alguns textos são inspiradores e encorajam as mães a dar estabilidade emocional e sabedoria espiritual aos filhos, de modo que eles sejam gentis, atenciosos e compassivos. Outros são dedicados à vida prática: escola, clubes e academias, dever de casa e lazer (tevê, internet e jogos no computador). Também incluí dicas de disciplina e comportamento, além de sugestões de alimentação, hábitos de sono e atividades físicas.

Como sou superorganizada e gosto de ver tudo arrumado e em seus devidos lugares, acrescentei algumas técnicas que ensinam como administrar melhor o próprio tempo. Você vai perceber como a casa vai funcionar melhor e o estresse do dia-a-dia vai diminuir.

Ao longo dos 18 anos em que venho cuidando de meus filhos, percebi que a missão dos pais é ter um comportamento exemplar e se esforçar para criar filhos educados, atenciosos e equilibrados, dando amor, um lar, conselhos e oportunidades.

"O máximo que os pais podem fazer é dar a seus filhos amor, um lar seguro, conselhos, fé e a oportunidade de aprender sobre eles mesmos e sobre o mundo em que vivem."

1. O "filho do dia"

Toda criança precisa saber que é especial, não apenas porque é bonita, inteligente, atlética, engraçada ou bem-comportada. Ela precisa saber que é especial independentemente de sua personalidade ou temperamento.

Como meu dia é uma correria entre escolas, treinos, consultas médicas e idas ao supermercado, criei uma brincadeira que chamo de o "filho do dia". Foi a maneira que encontrei de dar atenção especial a uma das crianças. Além de sentar no banco da frente e poder escolher a estação de rádio que vamos ouvir no carro, o "filho do dia" também fica liberado de qualquer tarefa na cozinha.

Meus filhos adoram essa brincadeira e esperam ansiosos pelo seu dia especial. Até os mais velhos gostam disso, pois é uma oportunidade de nos comunicarmos mais diretamente. Quando o "filho do dia" está sentado ao meu lado no carro, posso lhe fazer perguntas mais diretas, olhá-lo nos olhos e saber como foi seu dia. Isso permite que eu alcance o coração e a mente daquele filho em particular, fazendo com que ele saiba como é especial e amado.

UMA FESTA DE ANIVERSÁRIO ESPECIAL

Lá em casa, os aniversários são festejados com alegria. Às vezes, escolho uma foto de quando ele ou ela era bebê, mando ampliá-la e imprimir num jogo americano. Espalho pela mesa fotos do aniversariante, de épocas diferentes, e cerco todas elas com presentes. Também ponho o vídeo do seu nascimento. Meus filhos adoram essa tradição. O aniversariante usa um chapéu e pendura a faixa de "Feliz Aniversário" na sala. Depois, na hora do jantar, cada membro da família diz por que motivo ama aquela pessoa.

2. Laços de família

A sensação de pertencimento em uma criança é decorrente de seu entendimento de que faz parte de uma família unida. Independentemente de os pais serem solteiros, divorciados ou adotivos e de a criança ter um irmão ou nenhum, ela precisa sentir que pertence a uma entidade maior do que ela própria e que o seu papel é significativo.

Jim e eu sempre encorajamos nossos filhos a adotarem uma atitude do tipo "estamos nisso juntos". Queremos que eles saibam que estão ligados uns aos outros, que são uma família. Quando um de nós dois não pode assistir a alguma atividade de que nossos filhos estejam participando, mandamos os irmãos em nosso lugar para dar uma força. Eles sabem que fazemos parte de um time.

Quando surgem desentendimentos ou brigas, nossos filhos sabem que contamos com eles para defender os irmãos e se ajudar mutuamente. A atitude "estamos nisso juntos" também significa agir como uma família em casa. Todos os nossos filhos sabem que têm de colaborar nas tarefas domésticas, limpar o que sujaram e oferecer ajuda sem que ninguém precise lhes pedir isso. Conviver significa cooperar e respeitar a privacidade e o espaço do outro. Isso impede que a pessoa se torne autocentrada e incapaz de ser solidária quando alguém está triste ou com problemas.

Defesa fraternal

Certa vez, um de nossos filhos se comportou mal à mesa do jantar. Como a coisa continuou depois de uma ou duas advertências, pedimos que ele saísse da mesa para refletir sobre o que tinha feito. Um de seus irmãos mais velhos questionou tanto o crime quanto o castigo, e pediu para falar em defesa do mais moço. Alegou que o gesto inadequado do irmão não era um exemplo de mau comportamento, mas um jeito de aliviar uma coceira. Ao ouvir isso, Jim teve a idéia de fazermos uma espécie de julgamento. Os dois apresentaram um julgamento com testemunhas, um juiz e um júri composto pelos outros irmãos.

Embora Jim e eu não tenhamos ficado inteiramente convencidos da inocência de nosso filho mais novo, ficamos impressionados com aquela demonstração fraterna da atitude "estamos nisso juntos". E, é claro, ele se livrou do castigo.

Nossos filhos não são perfeitos, longe disso. Brigam e discutem como toda criança. Mas entendem que, apesar de suas diferenças, têm de viver juntos sob o mesmo teto, o que exige respeito, apoio e cooperação mútuos. Quando as crianças aprendem a se comportar assim, aumentam sua capacidade de se relacionar com os outros.

Veja como estimular a fraternidade em sua família:

- Lembre a seus filhos que eles fazem parte de uma família.
- Ensine a seus filhos que eles são responsáveis por manter a união familiar.
- Elogie seus filhos sempre que um proteger o outro.
- Não ignore as brigas entre irmãos e encoraje-os a resolverem eles mesmos os seus problemas, sob sua supervisão.
- Trate todos da mesma forma.
- Não compare um irmão com outro.

3. As lições por trás das histórias familiares

Já reparou como as crianças adoram ouvir histórias, especialmente quando tratam da própria família? Jim e eu gostamos de falar sobre nossa infância e também sobre a de seus avós e bisavós. Também encorajamos as crianças a pedirem aos avós que relembrem situações engraçadas ou difíceis envolvendo Jim e eu na infância. É importante que eles percebam que nós tivemos que superar obstáculos, da mesma forma que eles devem fazer em suas próprias vidas.

Dependendo do tipo de comportamento ou experiência que estou tentando transmitir, adapto os detalhes e o contexto da história. Uma de minhas favoritas é de quando eu tinha 9 anos e consegui que meu cabelo crescesse o bastante para fazer um rabo-de-cavalo como o da minha irmã mais velha. Fiquei tão orgulhosa do meu penteado que fui dormir sem desmanchá-lo. No meio da noite, meu pai entrou no quarto para ver o que estava acontecendo porque eu tinha chorado dormindo.

Quando ele fez um carinho na minha cabeça para me consolar, pensou que o emaranhado no meu cabelo fosse um chiclete. Sem acender a luz, pegou uma tesoura e cortou fora o suposto chiclete. Só quando chegou a um local mais iluminado percebeu que estava segurando... meu novo rabo-de-cavalo. As crianças, principalmente as meninas, se identificam com o meu sofrimento.

Uma das preferidas de Jim aconteceu quando ele tinha 6 anos. Estava brincando com o irmão mais velho, que pediu que ele subisse no balanço do vizinho. O pastor alemão desse vizinho (do qual Jim tinha verdadeiro pavor) estava preso. Assim que Jim subiu no balanço, o menino que morava naquela casa soltou o cachorro e mandou que ele atacasse. Ao ver o cachorro solto, Jim correu de volta para casa e teve que pular uma janela que ficava a quase 1,50m do chão. As crianças adoram imaginar o seu "papai" correndo, apavorado, tentando salvar a pele.

Às vezes conto histórias familiares na hora de botar as crianças na cama. A tradição oral enriquece os laços de família e, por tabela, a auto-estima. Também lhes mostro fotos antigas – temos fotos de nossos pais, avós e bisavós penduradas numa das paredes do porão, para que todos os nossos filhos possam vê-las – e, a partir delas, crio histórias às vezes reais, às vezes inventadas. As crianças adoram achar semelhanças físicas com seus parentes.

Outra sugestão: escreva um texto de ficção usando um membro da família como personagem ou oriente seus filhos na criação de uma história baseada em alguma lenda familiar.

Histórias de família são também uma forma carinhosa de lembrar as pessoas queridas que já faleceram e fazer com que elas revivam na imaginação de seus filhos. Isso ajuda as crianças a entender o ciclo da vida e a ter menos medo da idéia da morte.

LER É A MAIOR DIVERSÃO

Ler para as crianças faz com que elas se interessem pela leitura. É também uma excelente forma de passar o tempo com elas. Veja alguns dos meus livros favoritos:

De 2 a 5 anos:
A coleção *George, o curioso,* de Hans Augusto Rey; *A árvore generosa,* de Shel Silverstein.

De 6 a 9 anos:
Como o Grinch roubou o Natal e *Ah, tudo o que você pensar,* de Dr. Seuss; *Moby Dick – História em quadrinhos,* de Herman Melville.

De 10 a 12 anos:
Histórias para aquecer o coração dos adolescentes, de Jack Canfield e Mark Hansen; *A teia de Charlotte,* de E. B. White; *Caninos brancos* e *O grito da selva,* de Jack London.

De 13 a 15 anos:
O apanhador no campo de centeio, de J. D. Salinger; *As aventuras de Huckleberry Finn,* de Mark Twain.

Acima de 16 anos:
Enquanto agonizo, de William Faulkner; *Hamlet,* de Shakespeare; *O caçador de pipas,* de Khaled Hosseini; *Catch-22,* de Joseph Heller.

4. Valorize os rituais e as tradições

Rituais e tradições enfatizam os laços de afeto entre as pessoas. No Natal, tudo começa com a montagem do presépio. Costumo fazer o seguinte trato com meus filhos: cada boa ação realizada permite que seu autor acrescente uma palha à manjedoura; para cada má ação, eles devem retirar uma palha. O objetivo é chegar ao Natal com uma manjedoura macia e confortável, toda feita de atos de amor e delicadeza.

Além da árvore tradicional montada na sala de visitas, as crianças têm sua própria árvore na sala de jogos. Nela, penduram qualquer enfeite de que gostem ou que tenham feito. Houve um ano em que se viam tacos de hóquei no alto da árvore, raquetes de tênis balançando em equilíbrio precário em meio aos galhos e sapatilhas de balé entremeadas com as guirlandas.

Depois do Natal, costumamos guardar os cartões recebidos numa cesta e rezar por aquelas famílias na hora do jantar. Se recebermos 100 cartões, passamos os primeiros 100 dias depois do ano rezando por alguém. Esse ritual mantém vivo o espírito cristão, mesmo depois das festas.

Na Páscoa, revivemos a Paixão de Cristo. As crianças fazem a encenação, assistimos a filmes religiosos, desligamos a tevê e o rádio e limitamos as saídas dos mais velhos entre a Terça-feira Santa e o Domingo de Páscoa.

Nossa família também mantém a tradição culinária ligada a essas festas. No Natal, minha mãe faz uma deliciosa sopa grega chamada *avgolemono* (com ovos e limão) e a mãe de Jim faz um delicioso pão preto que é uma receita de Boston.

Embora esses rituais estejam muito ligados à fé religiosa de minha família, há muitas outras datas que podem ser festejadas independentemente da religião, como aniversários, Dia dos Pais, Dia das Mães ou formaturas. Uma família que conhecemos sempre escala o monte Washington na primavera, em homenagem a uma avó que cresceu nos arredores e fazia isso regularmente.

Nós comemoramos uma data muito peculiar, que chamamos de "Festa do Atraso". Tudo começou numa fase em que as crianças estavam sempre atrasadas para a escola. Para incentivá-las a acordar mais cedo, Jim teve a idéia de fazer uma festa para quem conseguisse não se atrasar. O(s) vencedor(es) podia(m) convidar quem quisesse(m). Acabou tornando-se um acontecimento anual. Eles criam camisetas para a ocasião e fazem a maior farra.

CRIE SEUS PRÓPRIOS RITUAIS E TRADIÇÕES

Um ritual ou uma tradição é qualquer atividade que repetimos de forma a lhe dar um significado para nós mesmos e nossa família. O que sua família gosta de fazer em conjunto? Eis algumas sugestões para você criar suas próprias datas especiais:

- Organize um acampamento em família, dê um longo passeio ou visite um parque nacional. O ar livre e a natureza são perfeitos para passar momentos maravilhosos juntos e estreitar os laços que os unem.
- Visite o túmulo de parentes já falecidos. Fazer nossos filhos se lembrarem dos que já se foram fortalece sua noção de relações familiares e os ajuda a diminuir as idéias negativas associadas à morte.
- Incentive seus filhos a prepararem uma refeição. Crianças adoram brincar na cozinha. Ensine algumas habilidades culinárias e deixe que assumam o comando.

5. Dê atenção a seus filhos

Dar atenção aos filhos é uma maneira de demonstrar seu amor. Sorria quando eles entrarem no seu quarto ou na cozinha, olhe em seus olhos e dê um abraço ou um beijo. Quando os filhos percebem seu cuidado e sua atenção para com eles, ficam animados e contentes. Sentem-se mais fortes e mais resistentes, tanto do ponto de vista físico quanto mental. Portanto, da próxima vez que seu filho pedir que você vá vê-lo descer pelo escorrega, faça isso.

DEMONSTRE SEU AMOR POR SEUS FILHOS

Diga a seus filhos que os ama, e faça isso com freqüência. Há diversas formas de demonstrar esse amor. Criar apelidos relacionados aos seus sucessos é uma delas. Se um deles marcou três gols numa partida, incorpore o feito: "E aí, três-gols?"

Veja algumas outras sugestões:

- Diga "Amo você" quando eles forem dormir.
- Abrace-os ou beije-os quando saírem para a escola pela manhã.
- Dê a seus filhos apelidos carinhosos.
- Diga "Amo você" ao telefone, antes de desligar.
- Não se esqueça de implantar o ritual o "filho do dia" (ver pág. 137).

6. Prova de amor

Como qualquer outra mãe, sei que é impossível comparecer a cada jogo, recital, apresentação ou atividade escolar dos filhos. Mas me esforço para estar presente no maior número possível de eventos e demonstro interesse pela vida deles, perguntando sobre a escola, os amigos e seus sentimentos.

A presença do pai ou da mãe faz com que o filho se sinta especial e o estimula a continuar se esforçando. Sua participação é o apoio mais valioso que eles podem ter na vida. É a comprovação de seu amor.

Toda mãe se sente culpada quando não pode assistir a alguma apresentação importante dos filhos. Em geral, eles compreendem e aceitam suas explicações, mas é sempre bom ligar pelo menos uma vez durante o dia, para incentivá-los mesmo que seja pelo telefone. Um pequeno gesto de atenção pode significar muito para eles.

Outra maneira de compensar sua ausência é pedir a alguém que grave o evento de modo que você possa assisti-lo com seu filho quando voltar para casa.

Às vezes, estar presente nem que seja por 15 minutos é melhor do que nada. Mande alguém em seu lugar: um irmão mais velho, uma tia, uma babá de quem ele goste muito. Assim ele pode olhar para o público e ver alguém da família, mesmo que não seja a mãe ou o pai.

7. Aja como um treinador emocional

Muitas vezes as crianças não entendem e não sabem definir o que sentem. As pequenas, principalmente, precisam de ajuda para identificar seus sentimentos e para controlar sua intensidade, em especial quando os sentimentos são negativos.

É difícil conviver com uma criança mal-humorada. Dá vontade de sacudi-la e mandar que mude de cara, mas não faça isso. Seria o equivalente a ter alguém brigando porque *você* está triste ou com medo. É mais recomendável reagir ao mau humor de seu filho com amor.

O pai ou a mãe deve agir como um treinador emocional. E ajudar os filhos a lidar com seus sentimentos e suas dificuldades emocionais. Em geral, quando as crianças pequenas ficam emburradas, é sinal que estão cansadas, excitadas ou com fome e precisam de um pouco de calma e tranqüilidade. Quase sempre, sentem-se muito melhor depois de uma boa soneca ou de um lanchinho.

Se um de meus filhos mais novos acorda de mau humor, digo-lhe: "Vamos ter muitos problemas hoje se continuar assim. Que tal ser meu amigo e passar um dia bem legal? Além do mais, fico triste quando você está bravo. Adoro vê-lo sorrir." É importante falar desde cedo sobre os seus sentimentos, de forma que a criança possa identificar como se sente e consiga verbalizar.

Para que aprendam a processar as situações mais complexas da adolescência, fico atenta às menores alterações de humor nessa fase. Pergunto com quem eles têm andado, como se sentem e se algo ou alguém está lhes criando problemas. Como a idéia não é resolver os conflitos por eles, limito-me a sugerir maneiras de lidar com determinadas questões.

Por exemplo, quando alguém é convidado para dormir na casa de um amigo mas não quer ir, explico como deve falar com o amigo para não deixá-lo magoado. É preciso aprender a enfrentar as situações, especialmente as desagradáveis.

Embora não seja possível eliminar todo o sofrimento, podemos ajudar nossos filhos a entender seus sentimentos. Isso faz com que desenvolvam a capacidade de lidar com suas emoções. Eis alguns conselhos gerais:

Tente descobrir o que provocou determinado sentimento ou mau humor de seu filho.

Se ele for pequeno demais, pergunte à professora o que houve.

Faça perguntas diretas. "O que aconteceu na escola hoje, na hora do almoço? Com quem você brincou? Fizeram alguma coisa diferente?"

Para ajudar seus filhos a identificar seus sentimentos, sugira explicações ou palavras que possam expressar o que eles sentem. "Você está triste hoje? Ficou chateado porque Johnny não quis brincar com você na escola?" Com os mais velhos, interfira menos. Eles precisam se sentir à vontade para confiar. Podem não querer revelar o que existe por trás daquele sentimento, mas talvez venham a falar dele.

Dê apoio e seja solidária. Faça com que a criança perceba que você entende como ela está se sentindo e que aquilo vai passar.

BRINCAR É FUNDAMENTAL

As crianças ficam tão ocupadas com a escola, os treinos e atividades esportivas, mais os deveres de casa, que precisam de um tempo para relaxar. É por isso que procuro dar a meus filhos espaço para que brinquem.

A PRESSÃO DO GRUPO

Não há como evitar a pressão do grupo, mas é possível ensinar as crianças a lidar com isso. Estimule seus filhos a ter suas próprias opiniões. Explique que podem ser pressionados a ser como as outras crianças – em termos de comportamento, modo de vestir ou opiniões – e mostre como escapar de situações constrangedoras.

8. Escreva cartas de amor para seus filhos

Receber cartas de amor não é um privilégio de casais enamorados. As crianças também gostam de ser surpreendidas com uma boa e velha carta de amor. Jim e eu começamos a escrever bilhetinhos especiais para cada um dos nossos filhos que escondíamos em suas lancheiras. Eles ficavam maravilhados ao encontrar essas cartinhas.

Cartas e bilhetes são meios de demonstrar atenção, carinho e dedicação. Seus filhos vão adorar saber que você está sempre pensando neles. Esconda pequenos cartões com frases amorosas debaixo de seus travesseiros ou na gaveta das meias. Eis o bilhete que deixei para minha filha de 3 anos quando Jim e eu viajamos num feriado prolongado:

Carmen querida,

Estamos levando na mala uma foto do dia em que você nasceu. Assim, quando ficarmos com saudade, pegaremos a foto para ver o seu rostinho sorridente.

Amamos você. Até domingo.

Com amor,

Mamãe e Papai

O legal é que você pode aproveitar o bilhete para dizer a seus filhos para onde está viajando, por quanto tempo e também que vai pensar muito neles e ficar com saudade.

Gosto de fazer bilhetes motivacionais, do tipo "Sei que você vai se dar bem na prova de matemática de terça-feira" ou "Boa sorte para o jogo de futebol da próxima quinta". Nada eleva mais a auto-estima de uma criança do que pensar que a mãe, tão ocupada, sabe o que ela está fazendo. É uma experiência fortalecedora – para os dois lados. Sinto-me menos culpada por não poder estar ao lado deles porque sei que eles se sentem queridos.

9. Defina com clareza as regras da casa

Crianças necessitam de regras e expectativas claras e explícitas. Elas ajudam a manter o bom funcionamento da casa, reduzem a confusão e a bagunça e ensinam a ter responsabilidade. Na nossa casa, todos dividem as tarefas domésticas, incluindo trocar o garrafão de água, jogar fora as embalagens de leite vazias, repor papel higiênico e sabonete, fazer a cama, tirar o lixo e guardar seus próprios pertences nos lugares adequados. Não permitimos que as crianças falem ao telefone depois das 22h nem que tomem refrigerante sem autorização.

Uma das regras mais importantes é que qualquer assunto discutido tem que ficar entre nós. Outra é que o que vale para nossa casa vale também para a casa dos outros.

Criamos o hábito de conversar sobre o que tem nos aborrecido com relação a um ou mais membros da família. Essas reuniões, às vezes, são difíceis; é duro ouvir coisas negativas a nosso respeito, mas, no fim, todos acabam relaxando e nossa família se sente mais unida que nunca.

Crie o seu próprio código de comportamento:

- Decida o que merece ter regras (balas / sobremesa, sono / hora de ir para a cama, saídas noturnas, TV, computador).
- Converse sobre qual atitude deve ser tomada nas situações em que as regras forem desobedecidas.

- Comunique as regras a seus filhos e descreva claramente suas expectativas em termos de comportamento.
- Repita as regras sempre que necessário, especialmente para os menores.
- Seja coerente, mas flexível: há casos em que as regras não se aplicam.
- Explique quais são as conseqüências para quem desrespeitar as regras.

A punição para quem desobedecer às regras é uma decisão que cabe exclusivamente aos pais. Em nossa casa, quem se comporta mal recebe pelo menos duas advertências. Caso não mude, ficará de castigo ou perderá privilégios, tais como falar ao telefone ou ver televisão. Se insistir, mesmo depois de dois avisos (às vezes dou até mais de dois), o infrator estará de castigo, sem apelação.

DIGA "NÃO" DE FORMA CRIATIVA

Há maneiras criativas de dizer "não" sem precisar pronunciar a palavra. "Pode, sim, mas só depois de limpar o seu quarto", ou "Pode sair hoje à noite, sim, mas quando tiver terminado o dever de casa". Reserve a palavra "não" para situações importantes em que não há qualquer possibilidade de negociação.

REGRAS PARA USAR O COMPUTADOR E A TV

Nossas regras para a TV e o computador são bem simples. Não permitimos computadores nos quartos, apenas em áreas comuns e equipados com sistema de controle. As televisões também têm um sistema de controle para que as crianças só assistam a programas adequados à sua idade. Além disso, só é permitido ver TV até certa hora, dependendo da idade. Via de regra, Jim e/ou eu tentamos acompanhá-los. Dessa forma, ficamos sabendo o que está acontecendo e ver televisão se torna mais uma atividade em família.

CONTROLANDO OS MENORES

É sempre difícil quando os bebês começam a engatinhar. Eles mordem, beliscam, choram. Enfim, precisam aprender a se comportar, o que significa que os pais devem impor limites. "Não" passa a ser a palavra mais usada. Só não esqueça que, até os 2 anos, o "não" pode confundi-los. Em termos de desenvolvimento, crianças pequenas são programadas para explorar o mundo ao seu redor e a negação é uma abstração que não conseguem entender. Veja como proceder:

Desvie a atenção de seu filho para outra atividade. Assim ele não vai fazer manha quando não conseguir entender exatamente por que você está dizendo "não".

Mostre a ele como agir por meio de atos e não de palavras. Crianças pequenas são predominantemente visuais. Se virem você fazendo algo, a tendência é que imitem seu comportamento.

10. Faça das refeições um momento de alegria

Cozinhar para crianças é um grande desafio. Além de criatividade para criar pratos diferentes todo dia, é preciso que você tenha tempo para ir ao supermercado com freqüência. Mas o mais difícil mesmo é conseguir que elas comam sem reclamar.

Como a hora das refeições é importante, o ideal é transformá-la em um momento de descontração e de conversa a respeito do dia-a-dia.

Para evitar o estresse de pensar no que fazer para o almoço e para o jantar, reserve parte da noite de domingo para planejar o cardápio da semana. Pergunte às crianças o que elas gostariam de comer, pesquise nos livros de receitas e faça uma lista com os pratos preferidos de seus filhos, os que eles apenas toleram e os que você quer que eles comam.

Para aumentar o seu repertório de cardápios nutritivos e fáceis, peça sugestões às suas amigas. De vez em quando quebre a rotina com um fondue ou com um festival de crepes doces e salgados – as crianças adoram!

Como os fins de semana são especiais, dê-se folga. Encarregue as crianças de preparar as refeições – ensine-as a montar sua própria pizza ou seu lanche.

11. Eduque pelo exemplo

As crianças aprendem boas maneiras com os pais e isso não acontece da noite para o dia. Para ensinar regras de comportamento é preciso ser o modelo principal – e isso exige atenção e repetição. Portanto, se você pretende mostrar como se comportar à mesa, como agradecer uma gentileza ou como cumprimentar os mais velhos, prepare-se para servir de exemplo. Crianças elogiadas por sua educação e bom comportamento são motivo de grande orgulho para os pais.

Uma refeição em família é a oportunidade perfeita para mostrar as regras de etiqueta: como segurar um garfo, como usar uma faca, o que fazer com as mãos (mantê-las no colo, a menos que esteja comendo), como tomar sopa sem sorver o conteúdo da colher, como pedir que lhe passem o sal e como usar o guardanapo, entre outros detalhes.

Do mesmo modo, os pais precisam explicar claramente como se apresentar e cumprimentar as pessoas. Ensine que devemos olhar diretamente nos olhos da outra pessoa enquanto apertamos sua mão com firmeza e dizemos: "Prazer em conhecê-la." Não presuma que as crianças vão saber como e quando devem ter tais atitudes. Com a repetição, elas acabam automatizando o comportamento, mas durante muito tempo você vai precisar lembrá-las de dizer "Oi", "Tchau" e "Muito obrigado".

Ensinar boas maneiras é um presente valioso que você lhes dá para o resto da vida. Ao se comportarem corretamente, tratando os outros com respeito e gentileza, seus filhos demonstram a qualidade da educação que receberam.

COMO SE COMPORTAR NUM RESTAURANTE

Seus filhos podem até colocar em prática as lições de boas maneiras que aprenderam em casa, mas o teste definitivo acontece quando vão jantar fora com pessoas que não são da família. Eis alguns conselhos:

- A conversa deve ser em um tom de voz baixo.
- Não se deve ficar sentando e levantando o tempo todo: o ideal é permanecer quieto na cadeira.
- A resposta-padrão ao garçom ou à garçonete é: "Sim, senhor" ou "Não, senhora", e nunca se deve esquecer de dizer "Por favor" e "Obrigado".
- Insista para que se arrumem para jantar fora; isso reforça a idéia de que se trata de uma ocasião especial.

12. O segredo é anotar tudo

Há um limite para o que se pode guardar de memória. Com todas as notificações que vêm da escola, os horários dos treinos, dos recitais, dos médicos e os trabalhos voluntários, é humanamente impossível dar conta disso tudo sem uma disciplina quase militar. O segredo para não esquecer nada é anotar tudo.

Compre um quadro de avisos e combine com as crianças anotar todos os compromissos importantes e fazer uma lista das tarefas de cada um naquele dia. Aproveito para manter num dos cantos alguns números de telefone úteis, mas no espaço restante coloco mensagens de aniversário, recados dizendo aonde fui e a que horas volto e até frases inspiradoras (do tipo "A prática leva à perfeição"). Para que as informações sejam acessíveis a todos, coloque o quadro perto do telefone e do calendário.

Todo domingo à noite atualizo o quadro com os compromissos da semana. Aproveito para mandar uma cópia para Jim por e-mail e, às vezes, aviso os avós de algum evento especial, para que eles possam se planejar com antecedência. E diariamente verifico o calendário na hora do café da manhã.

Como sou muito organizada, também copio tudo em minha agenda, de modo que, quando alguém pergunta a data de um jogo, ou quando estou tentando marcar hora para fazer o cabelo, não corra o risco de esquecer nenhum compromisso.

13. Reúna a família

Reunir a família é fundamental, mas, quando ela é grande como a nossa, torna-se uma tarefa difícil, à medida que as crianças vão crescendo e tendo seus próprios compromissos. Como somos uma família muito ativa, decidimos marcar com antecedência nossos encontros para que todos possam se programar.

Além de jantarmos juntos pelo menos quatro vezes por semana, às vezes nos reunimos antes de dormir. Usamos esse tempo para contar como foi nosso dia ou para jogar um jogo qualquer. É também a hora de expressar nossos aborrecimentos e mágoas.

Muitas vezes, aproveitamos para rezar e agradecer a Deus por todas as Suas bênçãos, e também por termos saúde, felicidade e segurança. Esses encontros dão segurança às crianças e fortalecem sua fé no sentido de que existe um Deus que as ama e cuida delas.

14. Crie um lar seguro

Quando os filhos são pequenos, não deixamos que eles se aproximem de tomadas, janelas, maçanetas, escadas e armários que contenham produtos químicos perigosos. No entanto, mesmo depois de crescidos, é preciso zelar por sua segurança.

Lembre-se de instalar trincos ou grades nas janelas, de incentivar o uso de cinto de segurança no carro e capacetes para andar de bicicleta. Ah... elas também precisam aprender a nadar. Mesmo assim, nunca deixe que fiquem sozinhas no banho ou na piscina.

15. Estimule a confiança e a auto-estima

Todo mundo se lembra dos desentendimentos que teve com os colegas de escola, da dor de perder um amigo ou de já ter se sentido mal consigo mesmo. Da mesma forma que aconteceu com você, seus filhos sentirão sua auto-estima vacilar.

Mas o que é auto-estima? Para mim, trata-se de uma daquelas palavras que as pessoas usam sem realmente entender seu significado. Quando uma criança ultrapassa os limites de sua zona de conforto, isso significa que está contribuindo para que sua confiança aumente, assim como sua auto-estima. A sensação de segurança permite que a criança se desenvolva emocionalmente.

Uma das maneiras mais eficientes de estimular o desenvolvimento da auto-estima positiva é dar às crianças oportunidade para crescer e valorizá-las pelo que são, e não pelo que as pessoas querem que sejam.

Certa vez percebi que um dos meus filhos andava frustrado com seu desempenho escolar. Sua confiança estava ficando abalada. Decidi contratar um professor particular e deu certo. Ele recuperou a autoconfiança. Em outra ocasião, pedi que um irmão mais velho estudasse com outro filho que estava tendo problemas de ortografia. Ele não só se recuperou na matéria como ficou mais desembaraçado e feliz, pois desenvolveu uma ligação especial com o irmão.

É importante saber que, mesmo quando os pais têm a melhor das intenções, podem piorar as coisas. Portanto, nada de ficar elogiando demais ou agindo de modo superprotetor, pois isso pode reduzir a auto-estima dos seus filhos. A relação de confiança deve ser construída ao longo do tempo. Pais, bem como filhos, precisam ser pacientes.

ESTRATÉGIAS PARA AUMENTAR A AUTO-ESTIMA

- Conheça seu filho.
- Aceite seu filho como ele é.
- Dê a ele oportunidades de ser bem-sucedido.
- Seja paciente e realista em relação à sua fase de desenvolvimento e às suas capacidades.
- Não limite seu filho, rotulando-o como determinado tipo de pessoa.
- Não compare um filho a outro.
- Lembre a seus filhos que eles podem atingir seus objetivos, mas vão ter que se esforçar para isso.
- Elogie sucessos específicos e significativos.

16. Os valores morais fundamentais

Uma das tarefas mais importantes da maternidade é dar aos filhos uma bússola moral, ou seja, ensinar-lhes regras e valores morais e éticos que formarão seu caráter e guiarão seus atos e comportamentos.

Eu e Jim buscamos orientar nossos 10 filhos a aplicar em seu dia-a-dia e em seu convívio com as pessoas valores como honestidade, respeito, gentileza, compaixão e bondade.

Como fazer isso?

- Agradecendo pelo que temos.
- Pensando nos menos afortunados.
- Envolvendo as crianças em projetos comunitários, tais como distribuição de comida ou de roupas aos pobres.
- Organizando festas em centros de tratamento de crianças com necessidades especiais.
- Doando ou comprando presentes de Natal para famílias necessitadas.

Tudo começa na família. São os pais que precisam dar o exemplo pela ação e não simplesmente pela fala. Em nossa casa, fazemos uma limpeza nos armários ao menos uma vez por ano. Cada um dos meus filhos separa o que não usa ou o que não serve mais e repassa para os irmãos mais novos. O que esse irmão não quiser vai para os pobres. Uma vez, um dos meninos experimentou uma calça "maneira" que já não cabia em seu irmão mais velho e propôs: "Por que não damos essa calça para os pobres? Por que só lhes damos as coisas de que não gostamos?" Então demos a calça "maneira" para os pobres.

Sempre levei meus filhos para visitar orfanatos. Comprávamos bolo e sorvete e eles serviam as crianças órfãs. Também levávamos brinquedos e roupas novas. Meus filhos queriam conhecer as crianças a quem estávamos ajudando e, agora, lembram esses momentos com muito carinho. Sei que eles vão continuar atentos e generosos com os mais pobres pelo resto de suas vidas.

A melhor maneira de assegurar que seus filhos se tornem adultos bondosos e compassivos é ensiná-los a serem crianças bondosas e compassivas.

17. Mostre a importância do sucesso e do fracasso

As crianças sofrem uma tremenda pressão para serem bem-sucedidas e os pais se sentem igualmente pressionados a ajudá-las nessa tarefa. Mas o que significa ter sucesso? Ir para a escola certa? Tirar nota máxima em todas as matérias? Ganhar uma bolsa de estudos? É claro que essas metas são louváveis, mas não garantem que seu filho será feliz ou que se sentirá vitorioso.

Em minha opinião, a missão dos pais é ajudar os filhos a entender quem são, a descobrir seus interesses e a desenvolver seus talentos de maneira produtiva. Nesse sentido, os pais precisam ter em mente que cada filho é único em sua personalidade e temperamento, assim como em suas habilidades e interesses.

Além de orientá-los para que façam as melhores escolhas possíveis, é preciso ajudá-los a desenvolver a autoconfiança. Só assim eles aceitarão as vitórias e as inevitáveis derrotas da vida, e aprenderão com elas.

Guiar e apoiar suas tentativas de experimentar coisas novas significa dar oportunidade para que façam suas próprias escolhas. Quando um filho vence, fazemos questão de lhe dizer como nos orgulhamos dele, de seu esforço e de sua dedicação. Nas situações em que ele não se sai bem, devemos agir da mesma forma: abraçá-lo, cumprimentá-lo calorosamente e lhe dizer que seu empenho e seu espírito esportivo valem muito para nós.

A idéia é que continue a dar o melhor de si, ganhando ou perdendo, e que use os talentos que Deus lhe deu para desenvolver ao máximo seu potencial.

Um dos melhores métodos de ensinar os filhos a valorizarem tanto o sucesso quanto o fracasso é contar nossas experiências pessoais. Quando eles perdem algum jogo importante ou se saem mal numa prova, costumo relembrar a final de tênis que perdi quando era jovem. Meus filhos perguntam se fiquei desapontada. Respondo que sim, mas que isso não me impediu de continuar gostando de tênis e praticando o esporte.

As crianças precisam saber que perder faz parte da vida, que não somos perfeitos e que há sempre uma chance de virar o jogo. Elas precisam se acostumar à idéia de que todo mundo perde algo e ganha algo em algum momento.

ELOGIOS E CRÍTICAS CONSTRUTIVAS

É importante elogiar nossos filhos por suas conquistas, mas também é fundamental fazer críticas construtivas. Comece destacando algum aspecto positivo e, depois, explique como é possível melhorar. Com isso, eles se mostrarão mais dispostos a ouvir a crítica (e a tirar proveito da situação).

18. O valor do trabalho e do dinheiro

Com tantas atividades extracurriculares, as crianças têm cada vez menos tempo para realizar pequenas tarefas depois da aula. Por essa razão, os pais precisam buscar outros meios de ensinar a elas o valor do trabalho e do dinheiro. É preciso que entendam desde cedo o esforço que seus pais fazem para sustentar a família e que se sintam estimuladas a agir da mesma forma. Quanto mais cedo os pais estabelecerem essa relação, mais facilmente os filhos aprenderão a valorizar ambas as coisas.

Meu pai me ensinou desde cedo como é duro ganhar dinheiro. Perdeu o pai aos 16 anos, se tornou arrimo de família e, mesmo assim, conseguiu ir para a faculdade graças a uma bolsa de estudo que ganhou por jogar futebol americano. Ele acreditava que primeiro vem a obrigação, depois a diversão.

No verão, meu pai costumava me acordar com a frase: "Isso aqui não é uma colônia de férias." Fazia questão de lembrar, a mim e a minha irmã, que tínhamos que realizar nossas tarefas antes de poder ir brincar com as crianças da vizinhança. Aparávamos a grama do jardim, tirávamos o lixo, limpávamos a garagem e fazíamos mil outras tarefas antes de ir brincar.

Eu reclamava? Certamente. Mas sei que o respeito que tenho pelo trabalho, que se traduz em respeito pelo dinheiro, foi forjado nessa época. Tento incutir os mesmos valores em meus filhos. Certa vez, estava com sete crianças no carro. Tinha acabado de pegá-las na escola e todas estavam famintas. Parei, então, numa lanchonete e lhes dei US$ 9 para que comprassem o que quisessem, e me trouxessem um refrigerante light.

Lá se foram elas, com seus uniformes escolares, enquanto eu abastecia o carro. Logo estavam de volta, trazendo na mão meu refrigerante num copo meio respingado.

– Vocês conseguiram! – exclamei.

– Conseguimos – respondeu meu filho mais velho. – Dividimos dois sanduíches grandes com batata frita, compramos um copo e ficamos na frente da máquina. Tomei meu refrigerante e, depois, passei o copo para ela. Aí ela também tomou e deu o copo para ele, e assim por diante. Quando vimos você chegando, enchemos o copo com Coca light.

Ele estava sorrindo, nitidamente orgulhoso daquela façanha coletiva que tinham realizado com meros US$ 9. É mais fácil aprender o valor do dinheiro quando somos desafiados a fazê-lo.

Veja algumas dicas sobre como estimular o respeito ao trabalho e ao dinheiro em sua família:

- Converse com seus filhos sobre trabalhos que você e seu marido tiveram.
- Fale com eles sobre sua atividade atual.
- Explique o que esse trabalho significa para você.
- Relacione a idéia de trabalho ao dinheiro que se ganha e ao padrão de vida que se tem.
- Leve seus filhos para conhecer seu local de trabalho.
- Abra uma conta bancária e estimule-os a depositar qualquer quantia que recebam.

19. Ensine as crianças a organizar a própria vida

Uma coisa é certa: crianças que aprendem a ser eficientes e organizadas têm grandes chances de se tornar indivíduos produtivos e realizados.

Essas habilidades precisam ser aprendidas; daí a importância do apoio e do estímulo que os pais dão a seus filhos. Sei disso por experiência própria.

Toda quarta-feira, meu filho que está na primeira série trazia para casa um livrinho e me pedia que o ajudasse a ler a história. Uma vez ele se esqueceu de trazer o livro e, na semana seguinte, pedi a ele que pegasse o livro na mochila. Quando ele começou a remexê-la, surgiram deveres de dois meses atrás, bilhetes da professora, sacos de salgadinhos vazios e coisas do gênero. Ele ficou vermelho e nervoso quando percebeu que tinha esquecido o livro de novo. Olhou para mim e disse: "Olhe pelo lado positivo. Não tenho dever de casa hoje." Dei um beijo nele.

O que fiz com meu filhote desorganizado depois de demonstrar meu carinho? Passei a lembrá-lo de fazer o dever de casa assim que chegasse da escola, a esvaziar a mochila e a preparar as tarefas da semana seguinte. Também me esforcei para deixá-lo tranqüilo, afirmando que ele podia ter bons resultados se conseguisse se organizar.

Quando as crianças aprendem a planejar suas atividades, adquirem o hábito de pensar por antecipação. Estimule-as a consultar diariamente o quadro de recados e o calendário para que verifiquem seus horários e compromissos da semana. Se ainda não souberem ler, avise-as sobre as atividades programadas para os próximos dias.

Lembre-se de que as crianças aprendem pelo exemplo e pela repetição. Basta mostrar-lhes o caminho. Algumas são mais rápidas e mais eficientes que outras. Portanto, seja paciente.

20. Cada coisa em seu lugar

Uma maneira de reduzir a bagunça em casa é ensinar as crianças a cuidarem de suas coisas. Crie espaços para guardarem mochilas, casacos, material esportivo, sapatos e tênis. Veja como organizei a casa para abrigar os pertences dos meus 10 filhos:

Escaninhos – Cada um tem um escaninho com sua foto colada na porta. Ali ele guarda mochila, casaco, sapatos, cinto e qualquer outro objeto pessoal de uso diário, inclusive uniformes esportivos.

Caixas – Ideal para equipamentos maiores, como tacos de hóquei, capacetes de futebol americano, chuteiras, patins, etc.

Armários – Todos os quartos têm armários embutidos para roupas, cômodas para meias e roupas de baixo, escrivaninhas e cadeiras giratórias. E ainda um grande armário para a bagunça.

Garagem – Se alguém precisa de algo, vai até lá antes de sair para comprar o que quer que seja. Nas paredes há prateleiras com capacetes, equipamentos esportivos, chuteiras, sacolas e ganchos no teto para pendurar bicicletas. Minha garagem parece um armazém.

Organizar as coisas exige tempo e trabalho, mas vale a pena. Com tudo em seu devido lugar, a casa se mantém razoavelmente arrumada no dia-a-dia.

SELEÇÃO DIÁRIA

Todo dia meus filhos fazem duas coisas que ajudam a reduzir a bagunça e o acúmulo de lixo. Quando voltamos para casa, no fim da tarde, eles tiram do carro todos os seus pertences e qualquer lixo que tenha ficado ali. Depois, organizam as mochilas: entregam notificações da escola, separam o dever de casa e jogam fora a sujeira. Simples, mas eficiente.

21. A responsabilidade de cada um

As crianças nunca vão aprender a cuidar das próprias coisas, a arrumar o quarto, a fazer a cama ou a guardar as roupas se você fizer isso por elas. É preciso mandar que façam. Explique que a responsabilidade é delas.

Mas lembre-se: a memória das crianças só registra o que é mais recente. Portanto não espere que elas se lembrem de arrumar as coisas se você não repetir isso várias vezes.

Faça uma inspeção periódica para verificar se o quarto está bagunçado demais. Se for o caso, entre em ação. Tire tudo das gavetas e ameace jogar na lata de lixo, anunciando: "É hora de fazer uma faxina."

22. A difícil escolha do pediatra

Achar um pediatra é como se casar. Trata-se de um relacionamento de longo prazo e uma separação é sempre estressante. Portanto é melhor escolher bem. Procure um profissional que pense como você no que se refere a questões de saúde infantil.

É indispensável que seus filhos gostem do pediatra, mas é importante confiar em seu instinto. Pergunte a si mesma: durante as consultas você entende bem o que está acontecendo? Se não entende, o problema é seu ou do médico que não está explicando as coisas com clareza? Quando questionado, ele demonstra boa vontade e consideração? Você fica aborrecida se ele a manda procurar a emergência de um hospital por causa de uma febre alta ou acha que é sempre melhor evitar riscos mais sérios? Em geral, não temos idéia do tipo de mãe que somos com relação a essas questões até enfrentá-las. Caso você tenha que passar por uma emergência médica, poder contar com o pediatra vai deixá-la bem mais calma.

A indicação de alguém conhecido é a melhor maneira de encontrar um bom médico. Pergunte a suas amigas se o profissional é do tipo tranqüilo ou alarmista, se é acessível e retorna as ligações e se é aberto a tratamentos alternativos. Isso é fundamental para saber se é o pediatra que você procura.

23. Crie uma rotina para a hora de dormir

O sono é fundamental para o bem-estar físico, mental e emocional das crianças. E, embora existam muitas técnicas para estimular as crianças a irem para a cama sozinhas, o essencial é manter uma rotina consistente.

Procure criar rituais para a hora de dormir quando as crianças são pequenas. Lá em casa a regra era tomar banho, rezar, contar histórias e apagar a luz. Nunca me sentei no quarto com um filho para embalá-lo até que pegasse no sono. Como sabia que deviam estar muito cansados, eu os punha na cama e dizia: "Até amanhã."

É claro que houve inúmeras ocasiões em que as crianças tiveram dificuldade de se acalmar depois de um dia particularmente agitado, ou acordaram no meio da noite por causa de um pesadelo e não conseguiram pegar no sono novamente. Nesses casos eu fazia o seguinte:

- Ensinava a rezar o terço, que é algo bem tranqüilizante. Se você não é religiosa, pode fazê-las decorar um poema ou uma cantiga infantil.
- Deitava ao lado delas para contar uma história ou simplesmente massageava suas costas.
- Em último caso, levava-as para o meu quarto para que dormissem entre mim e Jim.

O BÊ-Á-BÁ DA HIGIENE BUCAL

As crianças precisam escovar corretamente os dentes após cada refeição e têm que entender as conseqüências de não fazer isso. Seus filhos sabem que podem ter cáries? Gengivite? Mau hálito? Não tenha medo de descrever esses problemas, pois assim eles vão estabelecer a relação de causa e efeito e passarão a escovar os dentes e a usar o fio dental. Não se esqueça de levá-los desde cedo para uma avaliação dentária. Para prepará-los, leve o caçula da próxima vez que um dos seus filhos mais velhos tiver hora marcada no dentista. Deixe que ele brinque na cadeira, experimentando as várias posições. Com isso, quando chegar a hora de ele próprio ser examinado, já terá se acostumado ao local – e ao dentista.

24. Exercícios físicos para todos

Todo mundo sabe como é importante que as crianças pratiquem exercícios físicos. Na verdade, é fundamental para o bem-estar físico e emocional. Algumas se interessam naturalmente por esportes, mas outras precisam ser estimuladas para encontrar uma atividade de que gostem e que possam praticar regularmente.

Quando eu era criança, meus pais se limitavam a dizer "Vá brincar lá fora", e era exatamente o que minhas irmãs e eu fazíamos. Hoje, todos os meus filhos praticam esportes depois da escola e nos fins de semana.

Caso seu filho não goste de atividades físicas ou esportivas, leve-o para ver treinos de várias modalidades diferentes. Procure os clubes locais. Alguns são mais competitivos que outros e isso pode fazer a diferença se a criança estiver experimentando o esporte pela primeira vez.

Uma coisa fundamental: deixe que ele escolha. Não o obrigue a se inscrever no que você considera ser a melhor opção. Apresente-se ao treinador, mas limite-se a passar informações sobre a personalidade, o temperamento e alguma característica de seu filho que possa ser útil para o trabalho dele. Não se envolva demais.

Veja as características de algumas modalidades esportivas:

Caratê – Trabalha a mente e o corpo e tem regras complexas, mas a capacidade de concentração que exige é acessível às crianças.

Natação – Indicada principalmente para crianças com alergias e problemas respiratórios, a natação é conhecida como um esporte completo. Os benefícios são enormes.

Equitação – Embora se trate de um esporte caro, as crianças que gostam de animais ficam fascinadas com essa prática.

Dança – As opções são muitas: sapateado, balé ou jazz para todos os níveis e todas as idades.

Acampamento – Se seu filho ou filha gosta de atividades ao ar livre, que tal inscrevê-lo em organizações como escoteiros? Acampamentos e caminhadas ajudam as crianças a adquirir habilidades manuais e a aprender a se virar em situações novas, além de aumentar sua resistência física.

Tênis de mesa – Popular na Ásia e na Europa, o tênis de mesa é um esporte olímpico. Você pode até organizar torneios em família.

ESTIMULE HÁBITOS SAUDÁVEIS DE ALIMENTAÇÃO

As estatísticas mostram que quase um terço das crianças nos Estados Unidos são obesas. Esse quadro aponta para a necessidade de uma nova mentalidade. Veja como ajudar seu filho a manter um peso saudável:

- Limite as idas às lanchonetes. Pode ser rápido, fácil e barato, mas não é nada saudável.
- Não compre doces, biscoitos recheados e salgadinhos. Quando estão com fome, as crianças atacam a geladeira ou a despensa. Se as frutas estiverem mais à mão, é provável que façam um lanchinho saudável.
- Ensine a seus filhos algumas noções de nutrição. Quanto mais

informação eles tiverem a esse respeito, mais vão pensar no tipo de comida que ingerem.

EXPLIQUE COMO O ORGANISMO APROVEITA OS NUTRIENTES

As crianças que conhecem a composição dos alimentos e as necessidades que nosso corpo tem de determinados nutrientes (carboidratos, proteínas, gordura, fibras e açúcar) são capazes de fazer escolhas mais saudáveis.

A partir dos 4 anos, a criança já começa a entender o efeito de certos alimentos em seu corpo. Portanto, mostre como os alimentos são aproveitados pelo organismo:

Carboidratos – São uma das principais fontes de energia, tanto física quanto mental. Ajudam a manter o pique no dia-a-dia.

Proteínas – São fundamentais para constituir e fortalecer os tecidos musculares.

Fibras – Facilitam a digestão, pois ajudam o organismo a processar os carboidratos e a reduzir a gordura e o colesterol no sangue.

Gorduras – São necessárias para o bom funcionamento do cérebro e a saúde da pele.

Açúcar e amido – Consumidos com moderação, ajudam a manter os níveis de açúcar do sangue. Em excesso, podem provocar distúrbios, como a diabetes do tipo 2.

25. Refeições saudáveis e balanceadas

Como as crianças aprendem por imitação, seus hábitos alimentares dependem do que você e seu marido comem diariamente. Não adianta oferecer aos seus filhos as comidas mais saudáveis e nutritivas do mundo se você não pratica o que prega. Se quiser que seus filhos comam corretamente, trate de preparar refeições balanceadas: carne ou peixe, pelo menos um legume ou salada e um carboidrato.

Procure cozinhar sempre que possível, para evitar visitas às lanchonetes. Crie regras para tomar refrigerante e ofereça apenas leite, suco ou água durante as refeições. É recomendável manter uma grande vasilha com frutas – morango, banana, manga, maçã, laranja e abacaxi – cortadas em cima da bancada da cozinha para que seus filhos possam beliscar durante o dia.

DIETAS PODEM SER PERIGOSAS

Encoraje conversas sobre hábitos alimentares. Muitas crianças e adolescentes fazem dieta sem que seus pais se dêem conta disso. Se você perceber que seu filho está comendo demais ou muito pouco, ou se passou a considerar a comida um inimigo, é hora de conversar a respeito. Ele pode estar desenvolvendo uma relação negativa com a alimentação, pulando refeições ou comendo em excesso. Qualquer uma das hipóteses pode ser perigosa, pois indica que a criança está preocupada com a aparência ou está querendo imitar algum colega. Procure a ajuda de um profissional com experiência em distúrbios alimentares.

Se você está tentando emagrecer, pode agravar o problema, especialmente se estiver naquela fase obsessiva em que só fala sobre o peso de todo mundo e critica quem engordou alguns quilos. Portanto faça uma autocrítica e procure você também ajuda profissional.

26. Impondo limites de acordo com a idade

Quando as crianças são pequenas é fácil deixar os fatos do mundo fora dos limites da casa. À medida que crescem, porém, não se pode mais agir como uma barreira à informação. O fundamental é restringir sua exposição à violência. Noticiários, filmes e videogames violentos ou inadequados à sua idade devem passar pelo seu crivo.

As pesquisas são claras: crianças expostas à violência têm mais tendência a se tornar violentas. É por isso que, até completarem 15 anos, só permito que meus filhos vejam programas infantis ou juvenis e partidas esportivas.

A exposição à violência indiscriminada faz com que as crianças a vejam como algo "normal" e acabem se tornando insensíveis às suas conseqüências. Os pais precisam incutir nos filhos desde cedo a noção de que ferir os outros é errado.

27. Seja ativa, mas não intrometida

Não é fácil se manter no limite que separa pais participantes de pais intrometidos. Como se mostrar interessado sem ser indiscreto? A verdade é que as crianças cujos pais procuram conhecer seu ambiente escolar têm um aproveitamento muito melhor na escola.

É claro que existe uma diferença entre manter os olhos abertos fazendo perguntas pertinentes e ficar criticando as coisas. O importante é estabelecer uma comunicação fácil e que não vise questionar tudo ou criar problemas.

Você conhece o diretor da escola de seu filho? Seus professores? Está a par das atividades curriculares e extracurriculares? Desde que não se sintam vigiados, os professores gostam de saber que os pais estão interessados no que eles ensinam e como o fazem.

Uma vez, meu filho, que tinha então 6 anos, se aproximou do carro e disse que a nova professora não queria chamá-lo pelo apelido familiar. Ali mesmo, na fila, peguei o celular, liguei para a escola e pedi para falar com a professora. Depois de me apresentar, disse-lhe que ele estava gostando da nova turma. Só então expliquei que todos com quem convivíamos o chamavam pelo apelido e que meu marido e eu gostaríamos que ela também usasse essa forma carinhosa para se dirigir a ele. Ela entendeu e não precisei transformar aquilo numa reclamação.

É mais fácil lidar com essas situações quando você se candidata para trabalhar como voluntária na biblioteca, na cantina da escola ou como motorista nos passeios escolares. É importante comparecer às reuniões de pais e professores e conversar diretamente com o professor de seu filho sobre o rendimento escolar dele, seu comportamento e seu desenvolvimento.

Embora os pais conheçam profundamente seus filhos, muitas vezes os professores oferecem informações novas sobre o processo de socialização deles. Eles se dão bem com os colegas? Têm facilidade ou dificuldade para fazer amigos e para participar de grupos? A visão do professor pode ajudar a preencher as lacunas. Quanto mais informação você tiver sobre a experiência escolar de seu filho, mais poderá ajudá-lo.

Outro passo básico: explicar as regras escolares e suas expectativas. Não dê uma de "mãe superprotetora". Se o seu filho esquecer o dever em casa, não é uma boa idéia sair correndo para levá-lo à escola. Deixe que ele sofra as conseqüências; talvez se lembre da próxima vez.

O fundamental é estar atenta e relatar ao professor qualquer problema físico ou emocional que a criança esteja enfrentando. Isso ajuda o professor a compreender o contexto que cerca o comportamento de seu filho.

MANUAL DA BOA CONVIVÊNCIA

- Mantenha o calendário escolar em lugar visível.
- Leia todas as circulares que a escola manda para casa.
- Vá às reuniões de pais.
- Visite a sala de aula de seu filho.
- Não faça o dever de casa de seu filho.

DEVER DE CASA É RESPONSABILIDADE DA CRIANÇA

Não há justificativa para fazer o dever de casa de seus filhos ou deixar que eles não o façam. O ideal é que seu filho faça o dever assim que chegar da escola, pois, se deixar para mais tarde, estará cansado e menos concentrado. Para tornar a experiência divertida e agradável, ofereça um lanchinho ou fique por perto para ajudar em qualquer dificuldade. Na verdade, se perceber que um de seus filhos precisa de ajuda para compreender um conceito e você não se sente à vontade para fazer isso, contrate um professor particular. A verdade é que as crianças não precisam de você para fazer seus deveres, mas precisam saber que você dá importância a essa atividade.

28. Esportes, sim, mas sem exageros

A prática de esportes pode exigir demais das crianças. Treino aos domingos e durante a semana até as 20h, depois de um dia de aula. As exigências são muitas e ocupam grande parte da agenda das crianças e dos pais.

Jim e eu decidimos que nossos filhos só podem praticar um esporte por vez. Também resolvemos que só podem jogar num time. Ou jogam no time de futebol da escola ou escolhem um clube. Por fim, tampouco permitimos que pratiquem esportes aos domingos – mesmo que o treinador ameace tirá-los dos próximos jogos.

É importante estimular as crianças a experimentar vários esportes até que descubram o que mais se adequa a suas habilidades. A prática esportiva é fantástica para fortalecer a confiança e desenvolver uma auto-estima positiva. Só não pode gerar desconforto ou pressões desnecessárias. Os pais precisam ter isso em mente quando vão para as arquibancadas torcer por seus filhos.

29. A fase de sexo, drogas e rock'n'roll

Nos tempos atuais, os pais não podem negar a realidade de que sexo, drogas e rock'n'roll estão por toda parte, prontos para influenciar nossos filhos. Trate de abrir um canal de comunicação sobre essas questões. Faça com que se sintam à vontade para conversar com você a respeito. Os adolescentes costumam ter um pensamento mágico: se uma situação não é abordada, ela pode passar despercebida. Não é verdade.

Ao preparar seus filhos para a realidade da vida, dê-lhes informações corretas e confiáveis sobre o que acontece quando os jovens bebem, se drogam e têm relações sexuais. Apresente pesquisas que mostrem como as drogas fazem mal ao corpo e ao cérebro, e como elas afetam seu rendimento tanto na escola quanto nos esportes. Eles precisam se sentir confiantes o bastante para resistir às pressões. A idade ideal para começar a tratar de sexo é a partir de 12 anos.

Nenhum pai ou mãe pode ficar o tempo todo ao lado dos filhos, mas pode ensinar o que é certo e errado, o que é saudável e nocivo e o que é moral e imoral. Apóie e estimule seus filhos dando bons exemplos. E reze.

30. Estabelecendo uma relação de confiança

Dificilmente as crianças tomam a iniciativa de falar sobre certos assuntos. Quando você dá o primeiro passo, elas passam a confiar porque percebem que você sabe o que está acontecendo na vida delas. Sentem-se mais próximas e à vontade para conversar sobre temas mais sérios.

Os pais precisam saber ouvir sem fazer críticas de imediato. Isso é particularmente verdade com relação a pais de adolescentes. Tudo bem, é difícil ouvir certas coisas. Todos nós ficamos preocupados, temendo por eles e queremos protegê-los.

Jim e eu fazemos questão de estar sempre disponíveis para que as crianças venham nos pedir conselhos e ajuda para resolver seus problemas. Certa vez um de meus filhos disse que tinha visto um site inadequado no computador. Normalmente, mantenho o controle de sites acionado, mas, às vezes, uma queda de corrente o desativa. Fiquei feliz por ele ter contado. Para mim, esse episódio significou duas coisas: que ele está vivendo de acordo com os valores que nós lhe ensinamos e que confia em mim.

É importante respeitar o caráter confidencial das conversas a dois. Quando os filhos confiam nos pais, é mais provável que confiem neles mesmos diante de circunstâncias potencialmente perigosas.

AS CINCO COISAS MAIS ENGRAÇADAS QUE MEUS FILHOS DISSERAM OU FIZERAM

Sendo mãe de 10 filhos, tenho um monte de coisas engraçadas guardadas na memória. Eis algumas das mais interessantes:

1. Quando um de nossos filhos começou a aprender a cuidar de si mesmo, achava dificílimo se limpar depois de ir ao banheiro. Um dia, perguntou: "Por que Jesus botou meu bumbum atrás, e não na frente, para eu poder vê-lo?"

2. Certa ocasião, um de nossos filhos estava jogando bola e começou a ficar entediado. No meio da partida, simplesmente saiu do campo e nos disse que queria um pãozinho com requeijão.

3. Um de nossos filhos estava entrando para uma escola de orientação religiosa, na qual todas as professoras eram irmãs carmelitas que usavam hábito. Depois do primeiro dia de aula, ele perguntou: "Por que todas as minhas professoras são do filme *Mudança de hábito 2*?"

4. Quando um de nossos filhos jogou suas roupas no vaso sanitário e deu a descarga, brigamos com ele dizendo que nunca mais jogasse suas roupas no vaso sanitário. Ao que ele respondeu: "Não são minhas, são do Big." (Big é o irmão que vem logo abaixo dele.)

5. Toda vez que vamos a um shopping, temos dificuldade de encontrar vaga para estacionar o carro. Então, um dia, pedi a todos que começassem a rezar a Nossa Senhora para que nos ajudasse a conseguir uma vaga. De repente, um carro começou a manobrar para sair: "Eu não disse? Olhem só!" E as crianças começaram a gritar: "Onde é que ela está?", olhando freneticamente pelas janelas, pois achavam que Nossa Senhora estava dirigindo aquele carro.

INFORMAÇÕES SOBRE OS PRÓXIMOS LANÇAMENTOS

Para receber informações sobre os lançamentos da EDITORA SEXTANTE, basta cadastrar-se diretamente no site www.sextante.com.br

Para saber mais sobre nossos títulos e autores, e enviar seus comentários sobre este livro, visite o nosso site www.sextante.com.br ou mande um e-mail para atendimento@esextante.com.br

EDITORA SEXTANTE
Rua Voluntários da Pátria, 45 / 1.404 – Botafogo
Rio de Janeiro – RJ – 22270-000 – Brasil
Telefone (21) 2286-9944 – Fax (21) 2286-9244
E-mail: atendimento@esextante.com.br